AF469034

ÉLOGE
DE
PIERRE PITHOU,

Célebre Jurisconsulte du seizieme siecle ; Auteur du Recueil des Libertés de l'Eglise Gallicane, sous le regne des Rois Henri II, François II, Charles IX, Henri III, & Henri IV.

Lu le 20 Décembre 1777, dans une Assemblée d'Avocats ; par M. l'Abbé BRIQUET DE LAVAUX, Avocat au Parlement.

Patriam unicè dilexi : opus potius quam honores, aut magistratum amavi : ac prodesse quam præesse malui.

Je n'ai eu d'affection que pour ma Patrie ; j'ai préféré une vie laborieuse à l'éclat des honneurs & des dignités : j'ai mieux aimé éclairer les autres que les dominer. *Extrait du Testament de Pithou, dès Calendes de Novembre 1597.*

Prix 3 liv. broché.

A AMSTERDAM,

Et se trouve, à Paris,

Chez l'Auteur, rue du Cimetiere S. André-des-Arcs, en face de l'ancien College de Boissy.

M. DCC. LXXVIII.

PRÉFACE.

ON trouve ici tout ce qui s'eſt paſſé d'intéreſſant du tems de la S. Barthelemi & de la Ligue ; cet Ouvrage eſt un abrégé du Droit Publico-Politique de la Nation, où tout Citoyen peut s'inſtruire, tant par les traits d'Hiſtoire & les points de Droit qu'on y trouve, que par les ſentiments qui y regnent & qui doivent être le caractere eſſentiel de tout *François*.

L'Eloge de Pithou eſt un Ouvrage d'un long travail, nous y avons apporté tous les ſoins poſſibles ; ce n'eſt point une de ces pieces frivoles faites pour l'amuſement, mais c'eſt au contraire un Ouvrage ſolide & exact, où le Lecteur doit trouver à s'inſtruire, s'il ne l'eſt déjà, & à ſe rappeller différents points de notre Droit Public, liés avec l'Hiſtoire ; nous avons été forcés de rendre compte de bien des faits, & de bien des circonſtances que nous aurions ſouhaité pouvoir paſſer ſous ſilence ; & le Clergé, que nous avons ménagé le plus qu'il nous a été poſſible, ſans bleſſer la vérité, doit nous ſavoir gré de notre exactitude à rapporter les faits avec modération, & le Public, de notre impartialité; la nature fait les Grands Hommes, les circonſtances les produiſent au jour, & c'eſt pour cela que la gloire de Pithou avoit beſoin, pour éclater ainſi, qu'il vécut dans les circonſtances où il s'eſt trouvé. Le recueil ou la rédaction des Libertés & Franchiſes de l'Egliſe de France, ſeroit peut-être encore enſeveli dans le néant, ſi Henri IV n'eut pas été Proteſtant lorſqu'il réclama le Thrône; & la Cour de Rome ſeroit encore enivrée de ſes prétentions exhorbitantes & chimériques, ſi Pithou n'eut vécu alors. Il fallut qu'Annibal aſſiégea Rome, que Tarquin opprima le Peuple, pour faire paroître les Scipions, les Brutus, & changer la conſtitution de l'Etat, & la face de l'Univers: nous n'avons fait que peindre les mœurs de nos peres, ſous Henri II, François II, Charles IX, Henri III, & Henri IV. Nous avons rendus hommage à l'union, la paix, la concorde & l'harmonie qui regnent actuellement entre les deux Puiſſances. Puiſſe Dieu, les conſerver à jamais pour ſa gloire & le bonheur des Peuples!

ÉLOGE

DE

PIERRE PITHOU,

Célebre Jurifconfulte du feizieme fiecle, Auteur du Recueil des Libertés de l'Eglife Gallicane, fous le regne des Rois Henri II, François II, Charles IX, Henri III, & Henri IV.

Lu le 20 Décembre 1777, dans une Affemblée d'Avocats; par M. l'Abbé BRIQUET DE LAVAUX, *Avocat au Parlement.*

MESSIEURS,

CE n'eft pas fans raifon que toutes les Académies de l'Europe propofent, par la voie du concours, l'Éloge des Grands Hommes. Si vous n'avez pas fuivi la même méthode pour vous rappeller les travaux, & les veilles des plus célebres Jurifconfultes, ainfi que l'eftime publique qui en a été la récompenfe, c'eft que vous avez justement cru que chacun de vos Membres, enflammé du desir d'imiter ces grands Modeles, sera capable d'oser embrasser d'un coup d'œil rapide & sage, toutes les vertus de ces illustres Citoyens : l'honneur & la gloire qui sont votre devise, agissent plus puissamment sur des cœurs & des ames honnêtes, que les métaux proposés par les Académies (1); mais si on veut que dans celles-ci on prétende aussi à l'honneur & à la gloire, du moins ne pourra-t-on pas dire qu'il se trouve quelque mêlange dans les motifs de vos Athlétes, comme chez elles. Il faut cependant convenir que la nécessité de la concurrence appartient à la difficulté qu'il y a de bien faire l'éloge d'un Grand Homme; outre que pour bien peindre le génie & le caractere de celui-ci, il faut être en quelque sorte du même état, afin de pouvoir apprécier sa conduite : on doit, s'il est permis de s'exprimer ainsi, ressembler à son modele, pour prouver que l'on *sent* comme lui; c'est là le seul cas où l'on puisse avec succès présenter au Public, sous un caractere de vérité, le tableau des qualités & des vertus éminentes d'un de ses Citoyens célebres. Tout le monde ne saisit pas avec la même facilité les nuances du génie; c'est à celui-là seul qui en est doué, à qui appartient cet heureux avantage (2); mais l'Avocat, guidé par l'honneur & par la gloire, doit être lui-même un des enfants du génie, & le feu sacré qui anime ces grands Modeles bienfaiteurs de la société, doit enflammer celui de tout Jurisconsulte. Ce principe d'activité qu'il porte dans son sein, éleve son ame au degré néceſſaire, pour qu'elle puiſſe développer d'une maniere ſenſible le génie d'un de ſes Confreres. Fondé, Meſſieurs, ſur votre indulgence pour la jeuneſſe dont vous animez les talents, tout Avocat peut faire une pareille entrepriſe.

C'eſt d'après ces réflexions, que je me ſuis chargé de vous donner une Eſquiſſe des talents ſupérieurs, & du rare mérite de *Pierre Pithou*, Avocat célebre du ſeizieme ſiecle. Ses travaux en tout genre, les circonſtances malheureuſes de ſa vie, & les ſervices importants qu'il a rendu gratuitement au Barreau, à la Magiſtrature & à l'Etat, vous ſont connus ; il ne s'agit plus que de vous en rappeller la mémoire. Vivant dans des temps affligeants pour l'humanité, ſa perſévérance, au milieu de ces troubles, à nous tranſmettre ſes recherches immenſes, dont quelques-unes ſont généralement reconnues pour être la baſe de nos Loix, & le recueil de nos précieuſes Libertés, lui méritera l'eſtime & la reconnoiſſance de toute la poſtérité ; & on lira toujours avec un égal plaiſir ſes différents Ouvrages où regnent par tout l'ordre, la profondeur, la ſagacité, la préciſion & la pureté du langage (3). L'éloge d'un Grand Homme, *ſeul tribut du ſentiment du Public*, & qui paſſeroit chez des Peuples intéreſſés pour une foible marque de reconnoiſſance, eſt une couronne immortelle pour celui qui ne connut que l'honneur & la gloire. Quelle joie, Meſſieurs, ne reſſentiroit pas Pierre Pithou, ſi vivant encore parmi vous, il voyoit fixés ſur lui les regards d'une Nation qui ſe féliciteroit de le poſſéder !

Quelle ame pourroit résister au doux sentiment qu'éprouveroit en ce moment un Citoyen savant, vertueux & patriote ! Ne vous semble-t-il pas voir ces Orateurs Grecs, couronnés par un Peuple anthousiaste de sa liberté, ou ces vaillants Romains, marchants fierement la tête ceinte de lauriers, & traînants derriere eux les marques de leur triomphe ? Si cet appareil fut capable d'opérer les plus grandes révolutions dans des hommes nés libres, les récompenses civiques usitées parmi nous, doivent sans doute produire des effets infiniment plus merveilleux sur des ames, qui, outre qu'elles sont nées *avec cette liberté de sentiment* qui caractérise notre Nation, n'ont d'autre guide que l'honneur & la gloire ; mais le François, plus noble que ces Grecs & ces fiers Romains, ne demande durant sa vie que l'estime publique, & sa modestie rougiroit qu'on fit son éloge. Ce caractere distinctif du vrai Citoyen, convient spécialement au Jurisconsulte François ; le Barreau est pour lui l'école de l'honneur, & l'estime qui en est le support devient sa récompense.

C'est d'après ces principes, que Pithou régla sa conduite ; son ame en fut tellement pénétrée, qu'elle se vit en état de surmonter les obstacles que l'ignorance & la barbarie de son siecle lui présentoient de toute part. Profond Jurisconsulte, il médita sur les Loix, discuta leurs principes, débrouilla le cahos presque impénetrable des commentaires, & il se fit jour à travers les ténebres qui avoient jusques-là enveloppés le Barreau. Excellent & vrai Citoyen, il sacrifia tout, même ses propres intérêts au desir de contribuer à la conservation *de la Maison de Bourbon sur le Thrône*, d'éclairer sa Nation, de la défendre dans tout ce qu'elle a de plus cher contre les prétentions politiques des Souverains étrangers, & son génie ne put être arrêté par le fanatisme de son siecle.

C'est sous ces deux points de vue que je vais, Messieurs, vous le représenter. Je réunirai tous mes efforts, pour vous faire connoître en même temps ses rares qualités personnelles. Vous allez être à portée de juger; 1°. de ses talents, par ses travaux, tant dans la Jurisprudence, que dans la Littérature; 2°. de son dévouement au bien Public, & de son amour pour son Prince. Je peindrai donc Pierre Pithou; 1°. comme profond Jurisconsulte, & excellent Homme de Lettres; 2°. comme un bon & vrai Citoyen: en un mot, les talents de Pithou, & son patriotisme.

PREMIERE PARTIE.

Pierre Pithou considéré comme profond Jurisconsulte, & Grand Homme de Lettres,

OU

LES TALENTS DE PITHOU.

Il est des races d'Hommes privilégiés par la nature, qui se communiquent & se transmettent leurs heureuses dispositions pour les Sciences les plus difficiles & les plus abstraites, & dont les ames sensibles au malheur Public sont douées de ce sentiment pur pour l'honneur qui les enflamme avec courage lorsqu'on veut y apporter la moindre atteinte (4). Heureux ceux qui ont l'avantage d'éprouver qu'il coule dans leurs veines un sang empreint d'une pareille teinte, & qui ne s'attachent qu'à la conserver & à l'accroître. Quoique la nature doive être uniforme de ce côté-là dans tous les hommes, on ne peut se dissimuler qu'elle est plus ou moins avare de prodiguer ses faveurs à certains individus, *ou que du moins*, si son indulgence va jusques-là, qu'elle ne mette des obstacles à leur développement, par l'imperfection ou le vice des organes.

Pierre Pithou eut le bonheur de descendre d'une de ces familles qui se distinguerent par leurs travaux, par la noblesse de leurs sentiments, & par leur patriotisme; il cultiva avec soin ces faveurs de la nature, persuadé qu'il en étoit comptable à sa Nation. La famille, de Messieurs Pithou (5), dont l'origine se perd dans la nuit des temps, jouissoit dans la Champagne, dans le seizieme siecle, de la plus haute considération. Les services importants qu'elle avoit déjà rendu à l'Etat, au Barreau & aux Belles-Lettres, lui avoient mérité l'estime Publique; & la Renommée, d'une aile rapide, avoit porté leur nom du fond de leur Province dans tout l'univers savant. Le noble anthousiasme qui enflammoit leurs ames, les avoit rendu chers au Public. Une raison saine & éclairée leur avoit fait étendre leurs vues sur tout ce qui étoit du ressort des sciences, & elle leur avoit fait tout rapporter à l'intérêt Public. Leurs liaisons avec tous les Savants de leur siecle, & avec les premiers Magistrats, confirment cette vérité.

Le pere de Pithou se distingua par sa profonde érudition, par l'étendue de ses connoissances dans notre Jurisprudence, par ses recherches en tout genre des anciens manuscrits & de tout ce qui peut nous éclairer sur l'antiquité.

Pithou, dont nous faisons ici l'Eloge, naquit à Troyes en Champagne, le 1er. Novembre 1539, du mariage de Pierre Pithou avec Bonaventure de Chantloé. Tous ceux qui ont écrit sur la famille & la vie de Messieurs Pithou, ont fait des dissertations sur l'origine de cette famille, & sur sa noblesse, qu'on s'est permis de révoquer en doute. Nous laissons ces recherches & ces décisions au temps qui sait dévoiler l'antiquité, & nous croyons que ce seroit nous écarter de notre sujet que de nous y livrer; cela peut intéresser plus particulierement la Normandie & la Champagne, qui doivent se faire chacune une gloire de revendiquer cette précieuse famille, ainsi qu'une partie de la Grèce revendiquoit jadis Homere : car les Hommes de génie & vertueux, sont dignes d'être réclamés par tous les Peuples, puisqu'ils n'ont travaillés que pour leur bonheur & pour leur gloire.

En s'annonçant à eux comme des hommes supérieurs, ils ne les ont jamais écartés des limites de la raison; en attaquant leurs vices & leurs préjugés, ils n'ont eu en vue que de rompre ce nœud fatal du fanatisme, où l'orgueil vient échouer après les avoir engagés à se mesurer contre la force d'une politique dangereuse, qui les agite les uns contre les autres; le bonheur des Nations ayant pour base les lumieres d'une ſaine raiſon, eſt l'ouvrage des peines, des fatigues & des veilles des Grands Hommes, moyens ſuffiſants pour les faire eſtimer & rechercher. Nous pouvons donc dire ſans prononcer ſur la nobleſſe de la famille de Pierre Pithou, que ſi elle en perdit les preuves elle en conſerva toujours les ſentiments, gage infiniment plus précieux aux yeux de gens éclairés, que les ſimples titres.

Pithou reçut de ſon pere cette éducation noble, qui, faiſant germer la vertu dans le cœur, rend l'homme capable d'un travail opiniâtre & d'un vrai Héroïſme ; ſous un tel Maître, le génie développe ſon germe & ſe prépare à devenir par la ſuite cet arbre immenſe qui doit ombrager l'univers ; la nature exige que ce mentor ſoit lui-même doué de cette grandeur d'ame qui doit frayer la route du génie, car la nature inerte par elle-même, a beſoin d'un moteur actif qui puiſſe la mettre dans le cas de ſe rendre promptement en état d'ouvrir ces tréſors immenſes de lumieres qui renferment la félicité publique. Heureux les enfants qui ont le bonheur d'avoir un pere ſage & éclairé, qui préſide à leur éducation ; il fait paſſer facilement dans leurs ames ce qu'il ſent lui-même. L'honneur de ſa famille, ſon propre intérêt & ſon amour pour ſa Patrie, l'excitent vivement à rendre ſes enfants tels qu'il voudroit être lui-même ! Heureuſe la ſociété qui poſſede dans ſon ſein des hommes aſſez courageux & aſſez vertueux pour faire une auſſi digne & ſi utile entrepriſe ; car on peut dire qu'alors les enfants auront la paſſion dominante que le caractere du pere leur aura inſpiré ! Si celui-ci leur a donné pour maxime de n'avoir pour bût & pour ſource de leur gloire que l'utilité publique, ils voleront dès leurs berceaux au milieu de l'arene des périls, dès qu'ils ſeront certains que du ſuccès dépend le bonheur Public. Méditans ſur les moyens de réuſſir, ils mettront leur génie à toute épreuve. Se repoſants ſur la juſte reconnoiſſance de leurs concitoyens, ils s'occuperont plutôt de ſuivre leur plan, que d'atteler le char de la renommée. Hors des atteintes de l'envie, ayant leur patrie pour juge, ils ne ſe déconcerteront jamais.

Telle fut autrefois l'éducation des Grecs & des Romains, dont nous admirons encore avec plaiſir les belles actions. On voyoit alors ſe tranſmetre de ſiécles en ſiécles, cette force d'eſprit, cette magnanimité, cette grandeur d'ame, ce courage intrépide, cette réſolution conſtante, qui faiſoient autant de Héros de chaque Citoyen. Dans ces ſiécles de vertus, il n'étoit pas rare de voir un fils ſe ſacrifier pour ſon pere ; un Énée traverſer les flammes d'une ville en proie à de cruels ennemis, pour charger ſur ſes épaules ſon pere Anchiſe tenant par affection ſon petit fils par la main ; un fier Romain braver l'armée Gauloiſe pour ſe rendre la divinité propice ; d'en entendre un autre opiner au milieu du Sénat, qu'il eſt de l'honneur & de l'intérêt de ſa patrie, qu'il retourne dans des fers, où une mort cruelle l'attend, & croire que ſon ſerment auprès d'un vainqueur barbare doit le rendre inſenſible aux cris d'une épouſe éplorée, & aux larmes d'une famille déſolée.

Ces nobles ſentiments furent le fruit de ces éducations Grecques & Romaines, dirigées ſeulement par des peres de famille ſages & magnanimes. C'eſt, Meſſieurs, à une ſemblable éducation, que Pierre Pithou dût ſa conſtance dans les travaux, ſa fermeté dans les perſécutions, *ſon amour pour ſon Roi*, & ſon zèle déſintereſſé pour ſa Patrie. L'honneur & la gloire qui en furent la baſe, devinrent à perpétuité la deviſe de ſa famille.

Le pere Pithou, qui aimoit tendrement ſes enfants, s'occupa à leur former le cœur & le goût, tant pour les ſciences que pour les belles-lettres; mais la ſanté du fils, vu ſa grande délicateſſe, ne lui permit pas de répondre auſſi parfaitement qu'il l'eut déſiré aux ſoins de ſon pere; il étoit d'un eſprit vif, enjoué, & même pétulent, heureux pronoſtic d'un génie qui commence à vouloir éclore.

Pithou annonce dès ſon enfance (6) ce qu'il ſera un jour. On voit même à travers ſes yeux percer des traits de génie : & à l'âge où les enfants commencent à peine à lire, il poſſéde les premiers éléments des langues Latine, Grecque & Hébraïque.

Le caractere du Génie eſt de ſe manifeſter de bonne heure par quelques étincelles; ſemblable à un Volcan, qui s'alimente pendant quelque temps dans les entrailles de la terre, avec les parties qui lui ſont analogues; juſqu'à ce que le temps de ſon exploſion ſoit arrivé, l'homme de génie fomente dans son ame, dès ses premieres années, le germe fécond des sciences, des arts, ou de quelque acte d'héroïsme, afin qu'à une certaine époque, il produise ces chefs-d'œuvres que la nature ingrate & avare avoit jusques-là refusé aux hommes, & qu'il exécute ses vastes projets. Aussi le jeune Pithou donne-t-il de tous côtés, par les traits qu'il laisse échapper, d'heureux indices de sa grandeur future.

Instruit des premiers éléments par l'Abbé Pillot, & ayant étudié quelque temps au Collége de Troyes, les amis de son pere le font placer au College de Boncours de Paris, alors le plus célébre (7). Par ses rares qualités, par ses heureuses dispositions, & par son application assidue, Pithou ne tarde pas de s'attirer l'affection de Turnebe, le plus célébre Professeur de ce Collége; c'est-là le principe du goût de Pithou pour l'antiquité, goût qu'il développe dans la suite avec tant d'avantage. Sa sagacité & son succès dans cette partie, le rendent aussi-tôt célébre, il se voit dès-lors un objet d'admiration, & il devient la ressource des autres Ecoliers, lorsqu'il est question de faire quelque poésie, ou quelque piéce d'éclat.

Ses études finies, son pere, ennemi de la philosophie scholastique, reconnoissant la répugnance que son fils en a pareillement (8), l'attire à Troyes, & lui inspire le goût du barreau. Les enfants susceptibles des premieres impressions, embrassent volontiers l'état de leur pere, dans lequel ils se sont insensiblement ingerés, sur-tout lorsqu'un pere, aimant vraiment son état, sait le rendre naturel à ses enfants; alors il n'a rien de caché pour eux, & une leçon de ce pere sage & éclairé, épargne à ses enfants plusieurs années de travail. L'enfant s'habitue à préférer les préceptes de son pere, & sa raison se soumet d'autant plus facilement, que son cœur lui dit sans cesse, que l'auteur de ses jours ne voit en lui qu'un second lui-même; ce penchant si doux & si naturel, exclue le préjugé assez ordinaire, que le jeune homme conçoit déjà contre tout ce qui n'est point de la maison paternelle. Qu'est-ce qui ignore à cet égard l'effort que l'amour filial opére sur le fils du Roi Croesus (9), à l'instant où il voit le glaive levé sur la tête de son pere, & prêt à trancher le fil de ses jours? Il ne fallut rien moins que cette affection inexprimable du fils envers son pere, pour rompre des ligaments naturels, qui jusqu'alors avoient résistés aux différentes attaques d'Hippocrate: or, si les liens qui sont entre le pere & ses enfants sont si étroits & si resserrés, il ne doit point paroître étonnant qu'un jeune homme fasse des progrès inouis, sous la conduite & la direction de son pere.

Pithou, bien assuré de la vocation de son fils, se hâte de lui mettre sous les yeux le Recueil des Loix Romaines, & commence à lui applanir les difficultés inséparables d'une étude abstraite, compliquée, & dont on ne sent l'agrément qu'après un travail opiniâtre. Sous un tel Mentor, le jeune Pithou ne peut faire que des progrès rapides; aussi apprend-t-il de lui, qu'il faut étudier la Loi dans la Loi elle-même, & n'avoir recours aux Commentateurs, qu'après avoir

avoir pesé, examiné, discuté, & vu l'ensemble des Loix; l'étude fait son occupation, & elle lui sert de bouclier, pour écarter tous les orages & les déréglements qui semblent s'être conjurés contre la jeunesse.

Le siécle de barbarie & d'ignorance dans lequel Pithou a vécu, possédoit cependant quelques génies sublimes; *un faisceau de lumiere venoit de frapper* les yeux de la France. La féodalité, emblême de l'esclavage, avoit jusque-là enchaîné le génie, & le François, né pour les Sciences & pour les Arts, gémissoit encore des fureurs du despotisme & de la barbarie; la nature avoit heureusement jetté sur son théatre un Prince vertueux, grand, magnanime & enfant du génie, François I. A cet aspect, l'inquiétude agitant les ames, on commença à annoncer d'une extrêmité du Royaume à l'autre, qu'on étoit fait pour vivre sous des loix sages, & pour ne pas se faire une occupation continuelle des armes. Ce Prince sentant qu'un Souverain n'est jamais plus heureux, que lorsqu'il commande à *des Peuples éclairés*, venoit d'appeller des savants de toutes les parties du monde; les honneurs & les récompenses leurs avoient été prodigués. Des Colléges fondés sous de si heureux auspices (10), avoient développés des génies, & enfantés des savants. Chaque pere de famille jaloux, en bon citoyen, que ses enfants acquissent des talents, les envoyoit sous les plus habiles Maîtres, à l'exemple des anciens Grecs, qui vouloient que leurs enfants eussent fréquentés toutes les plus célebres Gymnastiques de l'Orient, avant de devenir Citoyens; aussi étoient-ils tous également Orateurs, Philosophes, & Guerriers.

Pendant que l'Université de Paris, uniquement occupée alors par le Clergé, redoutant les foudres de Rome, ne pouvoit enseigner à des François que les Décrétales, si peu conformes à nos maximes, celles de Bourges, de Valence, d'Orléans & plusieurs autres (11), formoient les citoyens dans l'étude des Loix des Empereurs Romains; Loix où l'homme apprend à connoître la marche de la raison, & jusqu'où doit aller l'équité de son cœur. On couroit en foule en apprendre l'esprit sous le célebre & le savant Cujas, formé lui-même par les sages leçons du Docteur Alciat, dont l'opinion aura à perpétuité la plus grande influence dans les décisions des différents Tribunaux de l'Europe. Pithou, en homme éclairé, croit, avec raison, que son fils doit être imbu des préceptes d'un si habile Professeur; aussi le fait-il partir sur le champ pour Bourges, où enseignoit Cujas. Tout ainsi que Philippe, Roi de Macédoine, grand Guerrier & excellent politique, convainçu par sa propre expérience des qualités & des talents que doit avoir un Prince, choisit pour Précepteur de son fils Alexandre, le Philosophe Aristote, seul capable d'exécuter un si noble dessein; de même le Jurisconsulte Pithou, conseille à son fils, s'il veut devenir un Grand Homme, de se hâter de profiter des leçons de Cujas; le nombre de Jurisconsultes formés à son Ecole, eut été seul un puissant motif pour déterminer le pere à donner de si sages conseils à son fils.

Le jeune Pithou, animé par le noble enthousiasme qui échauffe le génie, ne trompe ni les attentes du pere, ni les soins du maître; cinq années d'étude sont couronnées du plus grand succès; à la tête de l'Ecole, il se fait des amis par ses rares qualités, par la douceur de son caractere, par sa facilité à obliger, sur-tout, par son érudition & par la sagacité avec laquelle il approfondit & saisit l'esprit & le sens des Loix Romaines; mais son choix ne tombe jamais que sur des personnages dignes de son amitié. Antoine Loysel, devenu si célebre depuis, parvient à obtenir cette grande intimité, que l'uniformité de goût & de sentiment inspire. Le savant Cujas croit s'honorer lui-même en s'attachant ce jeune homme dans lequel il voit une ame semblable à la sienne, & des talents d'un degré de supériorité si décidé. Ces trois Grands Hommes deviennent inséparables (12). Les talents de Pithou se développent tellement à Valence, qu'il y devient l'arbitre de l'Ecole, & suivant Loysel, le premier trait qui le caractérise ainsi, c'est la netteté & la clarté avec laquelle il explique une Loi qui a occasionnée chez un Libraire, une rixe très-vive parmi les Etudians; cela devient pour eux un motif qui les détermine à le venger des injures qu'on peut lui faire.

Ses cours d'études étant finis en 1539, Pithou, couvert de gloire, se prépare à rejoindre son pere, pour lequel il conserve cette affection & cet amour que ce pere sage a su lui inspirer, lorsque Cujas, à qui il en fait part, s'oppose à cette séparation, avant qu'il ait donné au Public, en soutenant une Thèse générale, des preuves éclatantes & non équivoques de ses lumieres.

Cujas, comme un autre Aristote, connoissant la marche de l'esprit humain, ne formoit point ses Ecoliers par des dictées & des cahiers que la paresse ou l'ignorance ont depuis inventés ; mais une explication claire, nette, précise & souvent répetée de chaque Loi, devenoit un cahier perpétuel gravé dans l'ame de ses auditeurs. Il est difficile qu'un Grand Homme n'en forme pas de semblables, lorsque toutefois la nature en a tracé les premieres ébauches ; il suit toujours une route différente des autres, *parce qu'il aime ce qu'il fait* ; la gloire, l'honneur & non l'intérêt sont ses motifs ; & l'expérience, le meilleur des Maîtres, lui apprend la défectuosité & le vice des méthodes des autres. Ainsi, Descartes (13), Leibsnitz, Casaubon, Newton, Dumoulin, Grotius, &c. dont quelques-uns ont été contemporains de Cujas, & dont quelques autres l'ont suivi de près, se sont frayés des routes extraordinaires pour réformer l'enseignement & inculquer la vérité & la science dans l'esprit des hommes ; leurs Ecoles n'étoient pas alors converties en des Bureaux de Finance.

Soutenir une Thèse sous les auspices de Cujas, c'est une preuve d'un mérite transcendant. Pithou, après bien des excuses dictées par sa modestie, répond aux desirs de Cujas, avec cette distinction qui lui est propre (14). Quatre axiomes de Droit, contenant un abrégé des

Loix Romaines, (rapportées par Loysel,) forment toute sa Thèse.

Se destinant au Barreau, il ne néglige aucune des connoissances qui y sont nécessaires; persuadé que l'Avocat, obligé de défendre la vie, les biens, l'état & l'honneur des différentes classes de Citoyen, & de parler sur toutes sortes de matieres, doit être, s'il est possible, l'homme universel de la Mirandole; il sait allier l'étude des Loix avec celle des Belles-Lettres, & des autres Sciences dont il a déjà jetté de si heureux fondements. Sa facilité & son application continuelle lui valent, par la suite, un des premiers rangs dans la République des Lettres; son pere avoit une riche & précieuse Bibliothéque d'anciens Manuscrits, que la rage des guerres civiles & de la féodalité, l'avoit jusqu'alors empêché de mettre au jour: le goût qu'il a inspiré à son fils, pour la recherche de ces anciens trésors du génie, lui fait découvrir, durant ses études, l'Ouvrage d'un ancien Jurisconsulte, sur la Conférence des Loix de Moyse, avec celles des Romains. Cet Ouvrage étoit utile & précieux, n'eut-il eu que l'avantage de nous faire connoître l'état de la Jurisprudence du temps de l'Auteur. Pithou, pénétré des plus vifs sentiments pour Cujas, croit ne pouvoir mieux commencer à lui témoigner sa reconnoissance, qu'en lui faisant passer cet Ouvrage: Cujas, de son côté, trop grand & trop honnête pour s'approprier une pareille découverte, en rapporte toute la gloire à Pierre Pithou. Qu'on juge des qualités du Maître par ses expressions. « La gloire entiere,

» dit Cujas, lui en eſt dûe, je n'y veux au-
» cune part; il m'eſt aſſez glorieux de rendre
» à cet illuſtre Eleve toute la juſtice qu'il mé-
» rite; combien d'autres obligations ne lui
» avons-nous pas (15) »?

Pithou, déjà couvert de gloire à l'âge de vingt-un ans, veut couronner ſes ſages entrepriſes par ſa réception au Barreau. Le Parlement de Paris, qui a vu naître dans ſon reſſort un ſi rare génie, eſt digne de le poſſéder, & *vous*, Meſſieurs, *de l'avoir pour Confrere*; il ne peut qu'augmenter, ſoit par ſa délicateſſe, ſoit par ſes talents ſupérieurs, la gloire & l'eſtime que ſe ſont toujours empreſſés de vous rendre toutes les Nations (16): auſſi l'Ordre, en 1560, ne fait-il aucune difficulté de l'aggréger dans ſon ſein. Sa réputation vous a juſtement prévenus; Pithou la ſoutient, & loin d'imiter la jeuneſſe qui brûle quelquefois d'ardeur d'occuper un rang dans l'aréne de l'éloquence, il ne préſume point de ſes forces, & il ſe condamne au ſilence, afin d'apprendre avant de diſcuter. L'uſage du Barreau, l'ordre de la procédure, les maximes du Droit François, qui entrent eſſentiellement dans le plan d'un bon Juriſconſulte, ſont durant quelques années l'objet de ſes études; attentifs aux audiences, ſavant par lui-même, il rapproche les moyens, les diſcute, balance les autorités, étudie les Arrêts, en ſaiſit l'eſprit, & ſon génie vaſte & méthodique réunit d'un coup d'œil tout cet enſemble pour en chercher l'eſprit de déciſion.

Perſuadé que l'Avocat doit acquérir des talents pour ſe rendre un digne défenſeur du Public, il met à profit tous les moments & toutes les circonſtances qui peuvent lui procurer des lumieres ; ſon étude eſt variée & ſuivie avec cet eſprit d'ordre & de méthode qui fait ſon caractere ; il voit par-tout des fleurs à recueillir ; les anciennes & nouvelles Ordonnances, les Regiſtres du Parlement, le thréſor des Chartres, les dépôts de la Chambre des Comptes, les monuments de l'Hiſtoire de ſa Nation ſur l'origine de nos Loix, ſur les Coutumes, ſur le Droit Public, lui fourniſſent une ample moiſſon dont il extrait des Recueils pour la poſtérité (17) : quoique les Grands Hommes ne ſe propoſent que de procurer le bonheur & l'avantage de la ſociété à laquelle ils tiennent ; ils conſervent cependant pour le lieu de leur naiſſance cette affection particuliere que la nature met dans le cœur de tous. Pithou éprouve les mêmes ſentiments pour la Ville de Troyes ; il veut qu'elle aye un jour à ſe féliciter de lui avoir donné naiſſance ; il s'attache donc à lui laiſſer quelque monument précieux de ſa reconnoiſſance ; un Commentaire ſur la Coutume de Troyes, devient ce gage immortel (18). On y reconnoît ſa touche, ſon génie, ſon application & ſon exactitude. A l'appui de ſon ſentiment ſur chaque article, il joint la déciſion d'une foule d'Arrêts ; il s'efforce, par l'analogie des anciens Textes & des anciennes Loix déjà oubliés, de prouver que tel eſt le ſens de la Coutume : il y applique, ſuivant les occurrences, des traits d'Hiſtoire ſur la Champagne, afin que ſa Province apprenne par-là l'origine, l'esprit, le sens & les progrès du Droit qui la régit. Tel est l'emploi des premieres années de Pithou, dans la profession d'Avocat. Après un travail de cette nature, il peut paroître hardiment sur le théatre de l'éloquence (19).

Son goût pour les Belles-Lettres, qu'il a toujours cultivées, lui fait mettre au jour différents *Mélanges rassemblés*, à ses heures perdues (20).

En 1564, pendant les vacances, il compose à Troyes l'Epître dédicatoire de chacun de ces deux Livres, l'une à l'honneur de son ami Loysel, & l'autre à celui de Claude Senneton; on y voit par-tout régner un ton de modestie, de reconnoissance & d'amitié. Au milieu des recherches sur l'origine du nom & sur l'antiquité de la ville de Troyes, il y parle d'une Inscription que son pere lui avoit recommandé de conserver précieusement; c'est là une marque de la piété, du respect & de l'estime inexprimable que le fils a conservé pour son pere: « Elle vient, dit-il, du cabinet de ce » Grand Homme. Je me rappelle toujours avec » un nouveaux plaisir, que ce respectable Vieil- » lard me la donna comme un thrésor, en » me recommandant de la conserver précieu- » sement. J'étois alors dans l'âge qui ne s'oc- » cupe que des plus frivoles amusements ».

C'est à vous, Messieurs, c'est à vos cœurs qu'il appartient d'amplifier ce passage. Un Ouvrage aussi parfait & aussi intéressant dans un siecle où le génie commençoit à se développer, devint un objet d'admiration pour tous ceux qui composoient la classe des Savants, & des gens de Belles-Lettres ; ils virent l'esprit d'un génie consommé dans l'antiquité ; les Turnebes, les Justes-Lypses, les Scaligers, dont nous ne prononçons encore les noms qu'avec vénération, de ses admirateurs deviennent ses amis. L'envie elle-même se vit forcée de garder un respectueux silence : cependant, comme elle ne rougit pas quelquefois de lever son masque, elle eut la témérité de députer un de ses frelons, qui, à l'aide de l'anonyme, laissa échapper un venin assez aigre, qui fut aussi-tôt dissipé par le préservatif dont étoit muni l'Ouvrage (21). Le docte Cujas se réunit au Public, pour célébrer la gloire de son Disciple.

L'Edition du Code Théodosien qu'il donne en 1566, lui en fournit l'occasion : la Dédicace de cet Ouvrage, à un Seigneur Silésien, n'empêche pas Cujas d'y insérer l'Eloge de Pithou & de toute sa famille, Eloge d'autant plus précieux, qu'il est l'Ouvrage d'un Grand Homme digne de juger du mérite ; & ce qui doit nous en faire concevoir une si grande idée, c'est que ces sentiments partent de la bouche d'un Professeur qui ne connut que le langage de la vérité, & qui crut devoir ce témoignage d'attachement à son Disciple : tant la vérité a d'empire sur l'ame des Grands Hommes. La jalousie, cette rivale basse qui tend toujours à émousser les traits du génie, fut inconnue à Cujas ; il n'étoit pas fait pour permettre qu'elle vint infecter son ame. Ecoutez ce Jurisconsulte parler de son Dissiple : « Pithou, ce digne Eleve, a annoncé de si

» grands talents aux Gens de Lettres & aux » Juriſconſultes, qu'à peine l'ai-je touché du » doigt pour le faire connoître ».

L'opinion de Cujas, ſur le compte de Pithou, eſt conſtante. En 1566, dans ſon Commentaire ſur les Fiefs, il lui donne de nouvelles preuves de ſon eſtime, en déclarant que c'eſt lui qui a découvert le Code des Viſigots (22). Cette eſtime mutuelle n'a point à craindre les inconvénients aſſez ordinaires, parce que tous les deux ſont dignes de recevoir des Eloges, & d'en donner au mérite.

Juſque-là, Pithou donne un libre cours à ſon zele & à ſon amour pour le travail. Chaque année eſt une époque où ſon génie met au jour quelqu'Ouvrage précieux; en Homme au-deſſus de ſon ſiecle, il ſent qu'il auroit dû vivre dans des temps de calme & de liberté, parce que le génie ne veut point être gêné, ni reſſerré; la ſageſſe doit être ſa bouſſole; mais la Providence, qui excelle par-deſſus toutes les lumieres politiques, le ſoutient en variant les circonſtances où elle ſe plaît à le placer; c'eſt à l'aide de la méditation, qu'il parvient alors à conſidérer l'homme ſous ſes différentes nuances, & la nature, toujours vraie, qui, en grouppant ſes tableaux, ravit, pour ainſi dire, l'ame juſqu'à la ſéduire; mais pour peu que les recherches ſoient ſuivies & réfléchies, on apperçoit dans chaque eſpece un caractere dominant; ce qui rend ſouvent l'homme le Démocrite de ſon ſiecle.

La fureur, le fanatiſme, & la barbarie, viennent de s'emparer tout-à-coup de l'Europe;

cette étrange révolution bouleverse les Etats, parce qu'elle a pour principe de prétendus motifs de réforme de la Religion, fruit du désespoir & de la vengeance de deux personnages qui s'annoncent de toutes parts pour réformateurs. Une mauvaise politique de la part de quelques-uns des principaux Ministres de la Religion, qui tenoient le Clergé inférieur dans une espece d'esclavage & de misere, semble donner lieu à un renversement général & à des cruautés inouies, qu'on auroit peine à croire si elles n'étoient consignées dans les fastes de l'Europe. Luther(23), Moine d'un génie ordinaire, mais d'un esprit ardent, & d'un caractere audacieux & vindicatif, indigné que le Légat du Pape en Allemagne, eut contre l'usage, accordé la publication des Indulgences à un autre Ordre qu'au sien, déclame contre l'Eglise, & veut la réformer; bientôt un autre Ecclésiastique, appellé Calvin(24), d'un génie plus sublime, plus retenu, mais d'une hauteur incomparable qui le rend cruel, devient on ne sait par quelles raisons, le prosélite du premier. Oubliant l'un & l'autre que l'Eglise a pour garant de sa persévérance constante dans la foi, c'est-à-dire, de son infaillibilité, son propre Auteur, ces deux forcenés rejettent sur elle les vices de quelques-uns de ses Ministres; & au lieu de s'attacher à réformer les mœurs par la pratique des vertus, ils viennent de lever par-tout l'étendard de la rébellion & de la révolte; le feu d'une dissention aussi effrayante, venoit de se répandre en France, & chaque famille étoit dès-lors en proie aux bûchers allumés par les proſélites de ces deux prétendus Réformateurs, qui, pour preuve de leurs miſſions, n'offroient que l'effroi & la terreur. Une partie du Clergé du ſecond Ordre, ſéduit par un faux zele, prêche la prétendue réforme : des Moines furieux, courent les Villes & les Provinces pour répandre plus promptement l'incendie ; quelques Potentats ſcandaliſés, & outragés par l'ambition & l'orgueil de quelques Miniſtres, voyant l'abus qu'on faiſoit de ces grands Fiefs, fruits de la libéralité & de la piété de leurs peres, favoriſent ces prétendus Réformateurs, qui leur promettent la rentrée en poſſeſſion de ces Fiefs. Quelques membres du haut Clergé, inſtruits, mais pervertis (25), balancent les circonſtances, & ſuivant leur intérêt, embraſſent la prétendue réforme, deviennent Proteſtants aux yeux d'une Nation qu'ils devoient éclairer & édifier ; on ne ſe contente pas de prêcher le fanatiſme, on force à croire, & à pratiquer.

Que ce récit, Meſſieurs, ne vous paroiſſe pas étranger à l'Eloge de Pithou ; il en eſt une partie eſſentielle, vu que ce Grand Homme a vécu dans ce ſiecle de fer, & que c'étoit le moment qui lui avoit été réſervé pour développer ſon génie, & donner tout l'effort poſſible à ſon patriotiſme ; le mal étoit grand, il étoit parvenu au degré néceſſaire pour opérer une révolution qui devoit affranchir à jamais la France des fers de la Cour de Rome. Oui, Meſſieurs, Pithou eſt témoin des fureurs du fanatiſme, & peu s'en faut qu'il n'en ſoit la victime ; alors Proteſtant lui-même, ayant ſucé dès le berçeau les erreurs de ſon pere, il ne voit malgré cela toutes les calamités de ſes Concitoyens, qu'avec le chagrin & l'amertume dont peut être ſuſceptible un Grand Homme; que n'a-t-il pas de perſécutions à eſſuyer avant ſa converſion! Avant cette époque de ſa vie, il eſt en butte aux orages du temps; alors les deux Partis ſe craignoient & ſe redoutoient mutuellement. Nous ne nous livrerons point ici, à l'exemple des Politico-Philoſophes, à des déclamations vagues, à des interprétations qui ſouvent ne tirent leur ſource que d'une imagination échauffée & d'une affluence d'idées peu d'accord avec le temps; mais nous raiſonnons en Juriſconſultes, en parlant uniquement des faits & des Loix qui exiſtoient alors. Le Juriſconſulte, défenſeur de la Loi, doit défendre les Catholiques du ſeizieme ſiecle, ſans approuver les fureurs réciproques des deux Partis; la Loi lui apprend que tout François eſt réputé Catholique, & que lorſqu'il ne fait aucun acte public contraire à la Religion de l'Etat, il ne mérite aucune *proſcription civile*, & qu'on doit ſe contenter de le plaindre, ſi on ſait d'ailleurs qu'il eſt dans l'erreur. A meſure que nous avançons dans la vie de Pithou, nous ſommes forcés de rétracer les anciennes plaies de la France. Pendant qu'elle fume de toute part du ſang de ſes enfants, Pithou s'occupe dans ſon cabinet à faire des Ouvrages, non de Controverſe, mais de Droit Public, afin de faire toucher du doigt aux Citoyens, leur égarement, & pour leur faire connoître les auteurs de leurs maux; ce qui l'anime d'avantage, c'eſt qu'il eſt convaincu par une étude profonde de l'antiquité, *que le François aime ſon Prince, & que ſi ſon eſprit ſéduit, ſe livre à quelque efferveſcence, & à quelque fureur contre ſes Concitoyens, il s'en repent promptement*; que ſa vivacité fait place à la réflexion; qu'il n'eſt pas ſourd à la raiſon, & qu'il tient eſſentiellement à ſes Loix, qui ont été faites pour ſon caractere lorſqu'il habitoit dans d'autres climats (26).

Pithou, d'après ces connoiſſances, s'apperçoit très-bien qu'une politique ſourde mine l'Etat, & que les Catholiques & les Proteſtants n'en ſont que les inſtruments aveugles. Machiavel vient de répandre à Florence ſa politique perverſe; l'Italien, l'Eſpagnol la goûtent comme la voie la plus courte à la puiſſance (27). La fauſſeté y paroît dans toute ſon énergie, elle y déploie ſon caractere ſous toutes les nuances propres à donner le change; ſous un dehors affable & des yeux rians, elle cache un front d'orgueil qui ne devient vrai qu'à l'inſtant où la réuſſite s'eſt effectuée. Catherine de Médicis, Régente du Royaume, imbue de ces funeſtes principes, en fait uſage; l'Hôpital, à qui elle les déguiſe, ne s'y méprend pas; inſtruit lui-même à Padoue, il a eu occaſion de connoître la marche de ces nouveaux Protées. Le Cardinal de Lorraine, plus puiſſant que jamais, conſeille l'Inquiſition, pour arrêter les progrès de l'héréſie; à ſon avis, il faut du ſang & des bûchers, ſans cela tout eſt perdu; les grands ſont dans une agitation d'autant plus dangereuſe qu'elle eſt plus conſtante; cependant le Peuple François conſerve encore un foible reſte de ſa premiere franchiſe, c'eſt que les principales Loix ne ſe promulguent que dans les Etats. L'inquiétude des voiſins demande plutôt un Régent qu'une Régente. Catherine voulant avoir la ſouveraine autorité, mais redoutant les circonſtances, plie ſuivant ſes intérêts; elle balance entre la vérité & l'erreur, & finit par ne ſavoir à quoi ſe réſoudre. L'art funeſte de la diſſimulation lui eſt familier, & elle n'a pas honte d'inſtruire dans cet art pervers le Roi Charles IX; elle vacille ſans ceſſe, & finit par être cruelle. Mais Philippe II, Roi d'Eſpagne, ſe ſert alors du manteau de la Religion, pour jouer le Pape, tromper la Reine & les François (28). La perte récente des Pays-Bas le rend furieux contre les Proteſtants; ne ſe contentant pas, en aſſerviſſant ceux de France, de pouvoir ſoumettre plus facilement ceux de Hollande, il porte ſes regards téméraires plus loin. La France elle-même, après s'être détruite à l'inſtigation de la Cour de Rome, qui ne conſeille alors que les armes, devient l'objet de l'ambition de Philippe II. Cette intrigue de crimes & de ſang ne peut-être apperçue que par Pithou; les Guiſes, aſpirants à la Couronne, ſont les inſtruments du carnage, & en voulant exclure les Bourbons, ils ne font que ſervir l'Eſpagne: la politique de Catherine n'eſt pas ſecondée; cette Princeſſe, au milieu de ces troubles, connoiſſant les vues des deux partis, & affectant de les protéger, ne marche qu'avec la plus grande défiance. Le Cardinal de Lorraine, Prélat, fait par ſon génie, pour être l'ornement de la France, autant qu'il en eſt le fléau, par la perverſité de ſa politique, ſe rend premier Miniſtre (29); alors il ne voit plus par-tout que des victimes à immoler. La ſuppreſſion de la Pragmatique, ſous François I. en a fait un Courtiſan perfide, qui ſacrifie tout à l'appas des richeſſes de l'Égliſe, qui lui ſont prodiguées. Le Fanatiſme étant parvenu à ſon dernier degré de fureur, Pithou qui a échapé aux premiers troubles, ſentants qu'il ne peut réſiſter aux ſeconds; il quitte Paris, renonce à ſes livres, ſe retire à Troyes, d'où il ne revient que quatre ans après; ſavoir, en 1570. Là, les Muſes ſont ſa ſociété, elles deviennent ſa ſeule occupation; comme Ptoteſtant, le Barreau de Troyes lui eſt fermé; cependant notre Juriſconſulte ne ſe décourage point, il perſiſte à ſe rendre utile à ſa Patrie malgré elle. Son rare mérite, déjà connu de toutes les Puiſſances, le rend digne d'occuper un rang parmi les Légiſlateurs. Le Duc de Bouillon le croit capable de rédiger la Coutume de Sédan; Pithou s'en acquite à la ſatisfaction de toute la Province; à peine cette noble entrepriſe eſt-elle finie, que la fureur des Guerres civiles le fait partir pour Bâle, où il ſéjourne deux ans, qu'il employe, ſelon les deſirs du célebre Imprimeur Perna, à faire une collection réguliere de toutes les Pieces qui peuvent ſervir à l'Hiſtoire d'Allemagne, depuis Frédéric I. Il ne perd point de temps; déjà cet Ouvrage eſt imprimé en latin en 1569, d'après le Manuſcrit latin d'Othon de Friſſinge, contemporain de Frédéric: Pithou en offre la Dédicace à Cujas, aux ſentiments duquel il s'efforce de répondre.

« Vctime,

» Victime, lui dit-il, des troubles qui déchirent » notre Patrie commune, je regarde comme » le plus grand mal qui puisse réfléchir pour » moi, la nécessité où je suis de vous perdre » de vue, & tout ce qui vous intéresse ». Il avoue que cet Ouvrage n'est en quelque sorte qu'une suite du Traité des Fiefs de Cujas, & il fait sentir à l'Allemagne qu'elle doit être convaincue de sa reconnoissance & de son estime pour son Professeur. Honorablement accueilli par le savant Amerbach, qui lui permet la libre entrée de sa Bibliothéque, il profite de cette occasion pour mettre au jour l'Histoire de Paul Diacre (30), & il prie ce docte Helvétien d'en accepter la Dédicace. Il est vrai (mais Pithou étoit encore Protestant), qu'instruit de la grande réputation dont Amerbach jouissoit dans la réforme, il cherche à le flater, en lui rappellant quelques traits de l'Histoire d'Anastase, Bibliothécaire du Saint Siege, sous le regne de Louis le Débonnaire & de ses enfants. Ainsi s'occupe Pithou dans le pays étrangers, pendant que sa Patrie est en proie au fanatisme.

Mais au bruit d'un Edit de pacification de 1570, il revient à Paris. Le Barreau, sa Bibliothéque & ses amis, continuent de faire ses délices; comme un autre Camille, il se hâte de sauver sa Patrie malgré son ingratitude. A peine s'est-il écoulé une année depuis son retour, qu'il dédie à Cujas quarante-deux Novelles des Empereurs Théodose, Valentinien, Majorien, & Anthemius. Le Public, dit-il, est redevable de cet Ouvrage aux soins de son pere qui l'a recueilli, & de ses freres Nicole, & Jean, qui l'ont conservé & arraché aux fureurs de la guerre; ses sentiments pour Cujas s'y soutiennent au même degré.

En 1571, son zèle infatigable l'engage à mettre au jour le premier Livre des Mémoires des Comtes Héréditaires de Champagne, & de Brie, dont il a déjà donné une esquisse dans ses *Adversaria*, & dans son Commentaire sur la Coutume de Troyes. Le célebre Pibrac en devient le protecteur; à l'appui d'un tel Homme, Pithou ne craint aucune critique, parce qu'il déclare n'anoncer que la vérité. Souffrez, Messieurs, que nous vous disions, qu'il se plaint de ce que la barbarie qui a regné du temps de nos premiers Souverains, les a privés de bons Historiens; que les seuls qui osassent alors parler, même de ce qu'ils ignoroient, étoient renfermés dans des Cloîtres, sous le nom de *Clergie*, gens, dit-il, peu propres à instruire la postérité sur ce qui étoit étranger à leur profession; les voisins & les étrangers se sont, dit-il, efforcés de réparer le mal de leur mieux, & comme il ne travaille que pour l'intérêt public, il se borne à desirer que son Ouvrage soit utile & agréable à sa Patrie (31).

Ainsi travailla Pithou pendant que l'Edit de Pacification fut en vigueur; mais durant ce temps de paix & de tranquillité apparente, l'ambition des Guises, la politique Espagnole & Italienne, ne font qu'exciter un feu plus ardent. La fureur, insensible aux cris du sang, de l'amitié, de la Religion & de l'humanité, s'arme de nouveau (32); son crime est médité & réfléchi, & au concert qui le précede & qui l'accompagne, reconnoiſſez, Meſſieurs, ce que pouvoient, & dont étoient capables des Etrangers. Pithou eſt à peine arrivé de ſon voyage d'Angleterre, à la ſuite du Duc de Montmorency (33), que commence la nuit de la S. Barthelemi; nuit ſi funeſte aux Citoyens, à l'Etat, aux Lettres & aux Sciences; nuit de l'exiſtence de laquelle nous douterions encore, ſi nos Annales ne s'étoient pas vus forcés de nous tranſmettre le récit des cruautés inouies qui s'y ſont commiſes. L'aſſoupiſſement de l'émeute de la veille, en avertiſſant les Proteſtants de ſe précautionner, leur paroît une marque ſuffiſante de leur ſécurité; mais qui auroit pu prévoir la perfidie étrangere (34)? Charles IX, plus facile que cruel, donne des ordres dont il ne prévoit pas les conſéquences; des Moines armés & ſéduits, ſe mêlent parmi tous ces Fanatiques; le ſignal eſt donné de tuer quiconque a le malheur d'errer dans la foi : à ce moment des cris perçants ſe font entendre de toute part. Le mari égorge ſa femme; le pere, ſon fils; l'ami, ſon ami : la haine trouvant une occaſion prompte de ſe venger, en profite. Le Roi, au milieu du délire dans lequel on l'a plongé, voit d'un œil tranquille maſſacrer ſes Sujets; c'eſt un pere qui excite ſes enfants à commettre de pareilles atrocités; croyons plutôt, Meſſieurs, qu'une Cour perfide, devenue alors un vrai repaire de brigands, ſe ſervit du nom de ce Prince, trop jeune pour ſe défier de la perfidie des Courtiſants dont ſon thrône étoit entouré,

& qu'on lui fit entendre que s'il n'en venoit à cette extrémité, sa couronne chanceloit sur sa tête. Aimons à nous persuader que ce Prince, de la race des Valois, cette branche qui a toujours eu en partage la bonté, la douceur, l'humanité, & cet amour vraiment paternel pour les François, désavoua cette attrocité, & que son cœur en gémit. Non, les Princes François, qui se sont toujours fait gloire de conserver ce lien réciproque qui unit les Sujets à leur Souverain, n'ont jamais imités la conduite de ces Despotes de l'Asie ou des Indes, à qui le parricide, le fratricide, le fer & le poison sont familiers; on peut même dire, que l'Histoire ne nous fournit point un pareil exemple de cruauté d'un Souverain qui arme une partie de ses Sujets contre l'autre, lorsque les deux parties conservent pour lui la soumission, l'amour & le respect (35).

Prévoyant quelqu'acte de fureur de la part des Catholiques séduits, Pithou s'est réfugié dès long-temps dans la maison d'un Catholique, qui lui a cédé un appartement. La femme de cet Hôte est Protestante, motif suffisant pour que Pithou ait tout lieu de craindre. Réveillé au bruit des premiers cris de toute la maison, & sentant approcher les barbares de son appartement, Pithou se sauve en chemise, gagne le grenier, monte sur les toits, & pour échapper à la poursuite de ces frénétiques, il se précipite dans une maison voisine; la Domestique qui l'apperçoit, annonce par ses cris à sa Maîtresse, cette subite apparition; à peine peut-il en obtenir la permission de passer chez

Nicolas le Fevre ſon ami, qui habite de l'autre côté de la rue ; y ayant demeuré quelques jours il ſe retire pour ſe cacher le reſte de l'année chez Loyſel.

Pithou ne doit ſa vie qu'à ſa bibliothéque ; comme un autre Mithridate (36), il ne ſe ſauve qu'en laiſſant à ſes Ennemis une occaſion d'abandonner ſa pourſuite ; tous ne ſont pas ſi avides de ſang, que la ſoif des richeſſes n'excite encore bien leur cupidité. Son appartement & ſa bibliothéque ſont donc livrés au pillage ; ſes chers Livres, tréſors juſques-là inépuiſable pour la Patrie, ſont en proie à la fureur des Brigands ; quelle perte, Meſſieurs, l'Etat n'a-t-il pas fait en ce moment ! que de Manuſcrits précieux n'ont pas été livrés aux flammes ! l'Imprimerie alors récente n'avoit encore pu nous tranſmettre tant de ſi bons monuments ; l'anarchie de la féodalité, les Guerres civiles & l'ignorance qui avoient regnés juſqu'alors, avoient été autant de barrieres pour le génie. Que de ſoins les Meſſieurs Pithou n'avoient-ils pas employés pour recueillir tous ces précieux reſtes de l'antiquité ! C'eſt ſans doute à ces temps de calamités que nous devons attribuer la confuſion & l'incertitude qui regne ſur les premiers temps de notre Monarchie, ſur nos premieres Loix, ſur les Ouvrages des Savants de ces temps-là, en un mot, ſur tout ce qui précede le trezieme ſiecle. La perte que fit alors la France, fut pour elle ce que fut l'incendie de la fameuſe bibliothéque d'Alexandrie pour tout l'Univers ; le fanatiſme des Catholiques fit en France ce qu'avoit opéré en Egypte celui d'un Calife ; heureux encore les François, que Pithou, pendant ſes travaux précédents, ait fait préſent d'une copie de la plûpart de ſes Manuſcrits à ſes amis & à ſon frere François ! c'eſt par ce moyen qu'il met la derniere main à ſon Ouvrage de la Conférence des Loix de Moyſe, avec les Loix Romaines, & qu'il y inſere des notes intéreſſantes : peu de temps après la S. Barthelemi, la reconnoiſſance & l'amitié lui dictent une Epitre de cet Ouvrage à l'honneur de ſon ami Loyſel. On y reconnoît la touche d'un Grand Homme, d'une ame noble réſignée aux calamités & ſoumiſe à ſon Roi. Cette Piece eſt trop intéreſſante pour ne pas, Meſſieurs, exciter votre curioſité ; ſouffrez donc que je vous en retrace quelques lignes. « Voici, mon cher frère, les débris » des tréſors qui m'ont appartenu ; les embel- » liſſements que j'aurois pu y ajoûter ont ſuivi » le ſort du reſte ; ils ſont devenus la proie » de gens qui n'en connoiſſent pas le prix... » Une prompte mort eſt le ſort le plus heu- » reux que je puiſſe attendre... J'offre à mon » Roi, j'offre à ma Patrie un ſang innocent » qu'il leur reſte encore à répandre (37) ».

Reconnoiſſant qu'il a un ſincere ami dans la perſonne de Loyſel, il dédie, à ſa ſollicitation, ſon Ouvrage au célebre Chriſtophe de Thou, alors premier Préſident au Parlement de Paris. Dans de pareilles circonſtances, il ne falloit pas moins à Pithou, que cette puiſſante protection ; Loyſel le comprend & le fait agir ; mais ce Grand Homme, malheureux ſans doute d'avoir hérité des ſentiments qui mettent ſa vie en danger dans ces temps de fanatiſme, n'a recours auprès de M. de Thou, qu'à des motifs capables d'émouvoir l'ame d'un Grand Magiſtrat, tels que ſon amour pour le bien Public dont il a déjà donné des preuves, ſon Hiſtoire de Champagne & tout ce qu'il ſe propoſe encore de faire paroître ; rien de tout cela n'eſt néceſſaire pour attendrir l'ame de cet illuſtre Magiſtrat ; il connoît les excellentes qualités de Pithou, cela lui ſuffit (38).

Réfléchiſſant enfin ſur ſon propre état, Pithou reconnoît qu'il eſt dans l'erreur, & que c'eſt un lait qu'il a ſucé avec le reſte de ſa famille ; auſſi-tôt il ſe hâte de rentrer dans le ſein de l'Egliſe Catholique. On ne peut douter de la ſincérité de ſa converſion ; il ſuffit, pour s'en convaincre, de connoître la droiture de ſon cœur ; cette excellente qualité diſſipe tous les nuages que les Proteſtants auroient pu répandre ſur ce changement : aux yeux même de Scaliger, Pithou eſt vraiment Catholique ; « excepté, dit-il, M. Pithou, jamais » Apoſtat n'a rien fait de bon après ſon chan- » gement ».

Oui, Meſſieurs, la converſion de Pithou fut ſincere ; car, comme nous aurons occaſion d'en parler, il mourut dans un temps où il pouvoit ſans crainte devenir relaps.

Les Grands Hommes, dont les actions ſont marquées au coin de la probité & de la ſageſſe, ne perdent jamais l'eſtime de leurs ſemblables ; Pithou eſt de ce nombre. Les plus illuſtres même des Calviniſtes, tels que les Scaliger, les Casaubon , les Gillot, ne peuvent lui refuser la leur , même jusqu'au tombeau : hé ! comment auroit-on pu concevoir du ressentiment contre ce célebre Jurisconsulte , qui savoit qu'il étoit Citoyen, Sujet d'un Roi catholique , soumis aux Loix de l'Etat , & que pour les défendre avec zele , il devoit commencer par donner l'exemple de sa fidélité ?

Pithou , une fois revenu de son erreur , jouit d'un grand repos; il reprend sa profession & consulte ses Livres. Il est si attaché à son état , qu'en 1573 , il refuse une place où il auroit pu faire briller ses talents , & donner l'essor à son zele pour le bien Public & pour les Lettres ; il refuse la qualité de Secrétaire d'Ambassade, & se montre encore plus insensible aux offres des Provisions de Conseiller au Grand Conseil , que M. de Foi, Archevêque de Toulouse , ne lui fait, que pour le déterminer plus facilement à devenir son Secrétaire d'Ambassade , tant en Allemagne qu'en Italie. Pithou aime sa Patrie, & il veut être tranquille pour la servir. Pour se délivrer de toutes ces sollicitations , il accepte du Duc d'Uzès & de Louise de Clermont-Tonnerre son épouse, des provisions pour le Bailliage de Tonnerre , à la place de son frere Nicole, qui avoit été forcé de sortir du Royaume. Il en prend possession , visite pendant chaque vacance ce Bailliage , & y exerce les fonctions avec tout le zele & l'équité qu'on lui connoît (39).

« Quel bonheur , s'écrie Loysel, pour cette » petite Ville , d'avoir joui des jugements &

» des lumieres d'un Homme que la plus grande » Ville du Royaume auroit été bien honorée » d'avoir pour premier Magiſtrat ».

Pendant les quatre années qui ſuivent ſa converſion, Pithou s'occupe, par le moyen d'un de ſes Manuſcrits, à traduire les Novelles Grecques de Juſtinien, par le Juriſconſulte Julien; cet Ouvrage paroît à Bâle en 1576, ainſi que quelques autres Traités relatifs à la Géographie; ſavoir, l'Itinéraire d'Antonin, la Coſmographie d'Actius, & une Edition des Diſtiques de Caton, imprimée à Troyes. Ce petit Ouvrage de morale eſt deſtiné à l'amitié; Pithou ne peut mieux faire que de le dévouer aux enfants de ſon ami Loyſel : on y voit la plus ſolide inſtruction pour la jeuneſſe, & la maniere de lui former le goût. Ecoutez-le, Meſſieurs, s'expliquer: « Chers enfants du meil- » leur de mes amis, joignez aux exemples que » vous offre la conduite de votre pere, les » préceptes que vous préſente ce Livre! croiſ- » ſez dans la vertu. Cet Ouvrage puiſſe-t-il » vous y conduire en animant vos études, &c »!..

Ami des Belles-Lettres, il en fait ſon amuſement, il en embraſſe tous les genres, il y excelle ſur-tout en Poéſie; il ſait rendre juſqu'aux graces les plus légeres des anciens, & à l'aide de ſon génie, ces beautés ſemblent nouvellement écloſes; c'eſt ce qu'on reconnoît parfaitement dans le joli Poëme du *Pervigilium*, imprimé en 1577, pour la premiere fois. Cette variété de talents lui attire un grand nombre d'admirateurs, tels que *Juſte-Lipſe*, *Briſſon*, *Scaliger*, *Muret*, *Manuces*, *Camera-*

rius, *Sigonius*, *Urſinus*, &c. Tous ſe font honneur de ſon amitié ; de ſon côté, il ſe fait un plaiſir de leur donner les éclairciſſements dont ils ont beſoin ſur les paſſages obſcurs des anciens Auteurs. Juſte-Lipſe le conſulte & rend le témoignage le plus authentique à ſon mérite, à ſa vertu & à ſon goût. Perſonne de ſon temps ne fut plus capable que ce Grand Littérateur d'apprécier le mérite de Meſſieurs Pithou (40).

Sur les ſollicitations d'Henri *Perna*, célebre Imprimeur à Bâle, pour qu'il donne au Public un corps de Droit Civil, avec un choix des meilleurs Gloſſes ; il répond à ſon frere Nicole, (qui étoit le canal dont ſe ſervoit Perna) : « Sire Henri qui eſt ici, m'en a parlé » à ſa façon, mais il faut que je vous confeſſe » que je ne ſuis pas de ſon humeur ; toutes » fois je vous en fait un brief mémoire ; pour » le texte du Code il faut s'adreſſer à Cujas, » à ſon défaut, *M. de Bierne notre frere* » *eſt le plus capable de faire cet Ouvrage* (41) ».

Ne pouvant plus réſiſter aux inſtances de Cujas, des Savants, & des Libraires, il fait paroître, en 1579, ſon Recueil des Loix des Viſigots, ſuite du fameux Edit du Roi Théodoric, où l'on trouve les Loix des Oſtrogots d'Italie.

Juſques-là notre Juriſconſulte n'a eu d'autre ſociété que ſes Livres, mais la Providence a fixé l'inſtant où il doit réunir & conſolider enſemble de nouveaux liens. De ſon mariage avec Catherine Paluan, fille d'un Secrétaire & Conſeiller en l'Hôtel-de-Ville de Paris, naiſſent trois garçons & deux demoiſelles ; à peine commencent-ils à adoucir ses chagrins, qu'une parque cruelle le prive des trois mâles & d'une fille; réduit à fixer sa tendresse sur une seule enfant, il ne néglige rien pour la former à la vertu. Sa profession, qu'il n'a suivi jusqu'alors que par goût, lui devient nécessaire, néanmoins la confiance est la seule récompense à laquelle il aspire. Arbitre de ses Clients, il s'attache à concilier les deux Parties; il se conduit en Citoyen vraiment généreux. Son honoraire du travail des fêtes, devient la part des pauvres (42). Ennemi de la chicane, il s'efforce d'en détourner son frere François, Homme d'un génie égal à celui de Pierre, mais dont l'esprit vif & transcendant, en pénétrant jusquaux barrieres des Loix, ne laisse pas voir une ame aussi tranquille, ni un cœur aussi indifférent à l'ambition. « Mais je désirerois, lui dit Pierre dans » une lettre, que ce procès se dressa sans pas» sion, & *le plus tard possible* ».

Ne pouvant ralentir son zele pour le bien public, il donne, un an après son mariage, une Edition de Salvien de Marseille; d'après ses Manuscrits, il est seul en état de le faire d'une maniere aussi achevée. Dès la Préface de ce Livre, il annonce ses sentiments sur l'ancienne Eglise Gallicane; on voit qu'il y peint d'après nature le caractere des Grands Hommes qu'elle a eu dès son origine: c'est à eux qu'il attribue l'établissement de la Monarchie Françoise dans les Gaules; il importe, dit-il, à l'Etat qu'on recueille dans une Edition tout ce qu'on pourra trouver de leurs Ouvrages. L'éclat de la Doctrine de l'Eglise Gallicane le frappe vivement:

« Il me ſuffit, dit-il, que cet objet intéreſſe » ma Patrie, pour le ſaiſir.... Nos François » pourront trouver ici quelques conſolations au » milieu de cet abyſme de maux dans leſquels » la dépravation des mœurs les a précipités... » Je le leur préſente parce qu'il ne faut pas » déſeſpérer d'un malade, tant qu'il lui reſte un » ſouffle de vie ».

Dans la même année, il donne une Edition complette des Déclamations de Quintilien, avec quelques notes intéreſſantes ; dans la Dédicace à Chriſtophe de Thou, il expoſe la néceſſité d'exercer la jeuneſſe à la déclamation : « *c'eſt-» là, dit-il, le chemin de l'éloquence* » ; il nous fait connoître l'avantage que les anciens Gaulois en retirerent, le grand nombre d'Orateurs qu'ils fournirent à Rome. Les défauts qui vicient l'éloquence du Barreau de ſon temps, y ſont dépeints avec une indication d'excellents préceptes pour la perfectionner ; à ces traits ſeuls on peut juger du génie de Pithou, de ſon étendue, de ſa ſupériorité, & de la ſageſſe de ſes vues. (43). *Voyez* toute la piece dans la note.

En annonçant un ſi grand goût pour la véritable éloquence, Pithou, comme nous l'avons déjà obſervé, n'en veut donner qu'un ſeul exemple au Public ; mais cela n'empêche pas qu'il ne conſerve une forte inclination pour ſa profeſſion, & qu'il ne la préfere aux honneurs & aux dignités dont on veut le combler.

Jean de la Gueſle, Procureur Général au Parlement de Paris, qui alors diſpoſoit à ſon gré des places de Subſtitut, ſelon la confiance

& l'estime qu'il avoit pour certains Avocats ; l'engage, en 1580, à en accepter une. Pithou ne sait point refuser un si grand Magistrat, qui l'honore par ce choix de prédilection. A peine y est-il installé, qu'il est obligé de s'expliquer sur une affaire qui exige toute l'étendue de ses lumieres ; le Concile de Trente étant clos & fini, est envoyé en France pour y être reçu. Cette question importante ne laisse pas que d'agiter les esprits ; autant la Cour de Rome en presse la réception, autant la Nation de France veut-elle examiner mûrement ce qu'elle doit faire. Quelques sages que soient les points de discipline de ce Concile, ils ne peuvent s'accommoder avec nos mœurs, nos libertés & franchises. Pithou en fait son rapport, & sous sa dictée, aux Etats de Blois, après avoir rejetté le Concile, on rédige l'Ordonnance de 1579, qui n'est qu'un Recueil de Réglements extraits de ce qui pouvoit nous convenir dans les différentes Sessions de ce Concile. (Nous nous réservons à l'article de son patriotisme de vous détailler les grands principes qu'il oppose à ce sujet à la Cour de Rome).

La supériorité de ses talents fait desirer au Prince, qu'il occupe une de ces places qui n'appartiennent qu'aux lumieres & à la vertu. Suivant l'article II. du Traité de Flex en Périgord, qui rétablit la paix dans la Province de Guienne, il devoit être établis une Chambre Souveraine, composée de Membres du Parlement de Paris. Henri III. désigne les Présidents & Conseillers qui doivent la former. Monsieur le Président Séguier (44), est jugé digne par ſon mérite d'en occuper la premiere place ; une autre fut déférée à Jacques-Auguſte de Thou, Conſeiller-Clerc. Pithou, nommé Procureur Général, n'accepte que parce que Loyſel ſon ami, en eſt l'Avocat Général. « Nous ac- » ceptâmes, dit Loyſel, ces Commiſſions, l'un » pour l'amour de l'autre ».

Cette Chambre devoit être d'autant mieux compoſée, qu'il étoit queſtion de rendre la juſtice juſqu'aux portes de Bordeaux, ſous les yeux d'un Parlement qui renfermoit d'excellents Magiſtrats. Si le Parlement de Paris, comme Cour des Pairs, & premier Tribunal de la Nation, n'étoit cenſé avoir eu primitivement toute la France pour ſon reſſort, nous ne pourrions louer ſes Membres d'être allés compoſer une pareille Chambre, vu que le Parlement de Bordeaux auroit été en droit de ſe plaindre de cet Etabliſſement, comme d'une uſurpation.

Pithou rédige la Déclaration, pour l'établiſſement de cette Chambre ; l'eſprit d'ordre & d'exactitude y regne ; il devient le Rédacteur des plus importantes déciſions, des Arrêts les plus notables, & des Réglements de cette Chambre : « *c'eſt lui*, ſuivant Loyſel, *qui gouverne » toute la barque* ». Avec un tel Pilote, elle ne peut échouer. Quoiqu'il ait un Subſtitut, il ne l'emploie que dans les cas les plus urgents ; il fait lui-même ſes extraits, répond les Requêtes du Parquet, veille à l'exactitude & à la fidélité des Regiſtres, *& paye ſon Clerc ou Secrétaire, avec défenſe de rien exiger des Parties* ; il rend compte au Roi des abus à corriger, du bien à faire, & des beſoins du Peuple ;

il rappelle à cette Chambre ses devoirs envers l'Etat, le Roi, & la Province : son zele infatigable le porte à exercer pendant la premiere année, en l'absence de Loysel, la place d'Avocat Général ; c'est alors que cette Province voit briller chez elle la véritable éloquence. Le Recueil de l'Abbé, & les Opuscules de Loysel, nous ont transmis plusieurs Plaidoyers de ce Grand Homme. Dans son Discours prononcé à Agen, le 26 Mai 1583, lors de l'enregistrement des Lettres-patentes sur la translation de cette Chambre de la ville d'Agen en celle de Périgueux, on y découvre les traits d'esprit de Pithou : pour consoler cette Ville de la perte de ce Tribunal ambulant & précaire, il fait l'Histoire civile & politique du Comté d'Agenois, des Grands Hommes qu'elle a produit, de son attachement à son Prince, & il veut que l'honneur & les sentiments que cette Province doit avoir d'elle-même, lui fassent oublier son chagrin présent. Le chef-d'œuvre de ses Plaidoyers est une preuve incontestable de ses talents pour le Barreau. (*Voyez* la Note 45).

Il montre le même zele jusqu'à la séparation de la Chambre, Après la derniere séance, tenue à Saintes le 8 Juin 1584, il se saisit des Registres, en fait faire trois copies également authentiques, qu'il remet, l'une au Greffe de la Commission, la seconde, à celui du Parlement de Paris, & la troisieme à celui de Bordeaux. Comme c'est l'honneur & l'intérêt Public qui lui ont fait accepter la fonction de Procurer Général, il se retire avec les mêmes sentimentsdans son Bailliage de Tonnerre, pour y tenir les Assises, & de-là aller voir ses amis.

Pendant son absence pour le bien public, les places de Substitut de Monsieur le Procureur Général, avoient été érigées en titre d'Office; l'intérêt des Finances avoit obligé le Roi à les rendre vénales; c'est en cet état que les retrouve Pithou à son retour à Paris. Il refuse les Traitants qui lui en offrent une gratis, cependant il a des enfants à qui cette Charge peut devenir lucrative; mais la délicatesse de ses sentiments ne lui permet pas de les enrichir par de pareilles voies. Ainsi pense & se conduit Pithou. Peut-on, d'après cela, lui refuser de l'admiration & de l'estime? non, Messieurs, personne n'en fut jamais plus digne; il se fut bon gré de n'avoir reçu de l'État aucune Charge en récompense de ses travaux; « *peut-être*, dit-il, *aurois-je été obligé alors de prendre parti dans la Ligue* (46).

Rentré, en 1583, dans l'exercice de sa profession d'Avocat au Parlement, il y fut accueilli par vous, Messieurs, comme un Confrere couvert de gloire & d'honneur. Sa réputation devenue plus grande, lui acquit un plus grand degré de confiance. Monsieur le Procureur Général, ne pouvant assez l'estimer & le considérer, croit, à l'exemple des Grands Hommes, qu'il doit le proposer pour modele à son fils Jacques de Guesle, à qui il fait passer sa Charge; le jeune Magistrat, docile aux avis de son illustre pere, se félicite du Mentor qu'on lui a donné, & le prie de l'aider de ses avis dans toutes les circonstances où il doit se montrer;

l'antiquité

l'antiquité nous apprend que les leçons d'un Grand Homme ne furent jamais vaines.

Le Jurisconsulte portant ses vues sur tout ce qui a trait à la Législation Civile, Politique & Ecclésiastique, est plus capable que tout autre de donner des décisions sages, des avis opportuns, & d'indiquer la marche qu'on doit tenir dans des opérations de ce genre. Une étude opiniâtre, une expérience journaliere lui ont appris à connoître le cœur humain, & à juger d'un simple coup d'œil de tout ce qui a précédé & pu suivre. Pithou a cette qualité éminente, les Ministres s'en apperçoivent & ils reconnoissent pour la premiere fois que l'Homme d'Etat peut aussi se trouver ailleurs que parmi les Courtisans (47). Ils consultent Pithou : convaincu que ses lumieres, son zele pour la Patrie, sa probité intacte & sa délicatesse sont un sûr moyen de réussir, ils lui font part des affaires de l'Etat les plus épineuses, & ils ne sont jamais trompés dans leur attente. Pithou n'est point comme ces Oracles de Delphes ou de Dodone, qui se réservoient toujours une ressource par leur ambiguité; mais il donne son avis, en dit les motifs & les discute, toujours sous le point de vue le plus avantageux à ses chers concitoyens.

On le consulte de toutes les Contrées régies par la Loi, c'est-à-dire, de toute l'Europe (48). Les Princes étrangers soumettent à ses décisions l'interprétation de leur Code. En 1587, Ferdinand, grand Duc de Toscane, lui demande son avis sur une prétention qu'il a contre la Maison de Capponi, pour raison d'une confiscation qu'il a faite, suivant les Statuts de Florence, des biens d'un Gentilhomme coupable du crime de Leze-Majesté. Il est question d'adjuger la succession au Prince, au préjudice des sœurs du coupable; Pithou se sent ému de compassion, mais il faut qu'il parle en Jurisconsulte. « Prince, lui dit-il, (dans sa Consultation), une moitié vous appartient, & » l'autre aux sœurs du coupable; la cause du » fisc *n'est jamais plus douteuse que sous un* » *bon Prince* : la plus grande victoire à laquelle il puisse prétendre, la plus solide gloire » à laquelle il puisse aspirer, *c'est de se laisser* » *désarmer dans sa propre cause, par l'équité* » *& par l'humanité* ».

Pithou triomphe, son avis est suivi par la Rote de Florence, & le Prince le confirme.

C'est-là un morceau précieux des Œuvres de Pithou, conservé par Loysel. Qu'il seroit à souhaiter, Messieurs, pour le Barreau, que toutes les copies des Consultations de ce Grand Homme, se fussent conservées! ce seroit pour nous des sources précieuses où nous puiserions des connoissances utiles; nous y trouverions ce jugement le plus illustre qui ait existé parmi les Savants, rendu par Pithou entre Cujas & Hotman, sur le sens d'une Loi difficile (49). Hotman fut d'autant plus grand dans cette circonstance, que malgré qu'il connût l'amitié intime qui unissoit Cujas & Pithou, il se soumit néanmoins au jugement du Disciple de Cujas, parce qu'il connoissoit ses lumieres & ses vertus.

Pithou n'est pas encore au milieu de ses

travaux; il manque une Edition de Juvénal, enrichie de notes ſavantes; il ſe hâte, en 1586, de la mettre au jour, au moyen d'un Manuſcrit apporté de Bade, au temps où cette ville avoit été priſe par Corvin. Auguſtin de Thou, ancien Avocat Général, Préſident au Parlement & Conſeiller d'Etat, oncle de celui qui a fait tant d'excellents Ouvrages, ſe fait honneur d'en accepter la Dédicace.

Déjà Pithou veut réunir en corps d'Ouvrage, les Œuvres des anciens Peres de l'Egliſe Gallicane. Son activité lui fait promptement achever cette entrepriſe (50). En 1587, ſon frere François, qui venoit de perfectionner le Commentaire de Pétrone, le fait paſſer à ſon aîné; celui-ci ſe hâte de l'envoyer tout imprimé à Pierre, qui avoit formé le deſſein de ne jamais le mettre au jour, & qui ne l'avoit fait paſſer qu'à titre de confiance à François. Cette petite ſupercherie donne beaucoup d'inquiétude à Pithou; ſon état & la gravité de ſes mœurs, ne lui permettent pas que le Public le ſoupçonne d'avoir contribué à l'Edition d'un Ouvrage dont il a refuſé de communiquer le Manuſcrit à ſes plus grands amis; les excuſes de ſon frere François, fondées ſur ce qu'il y en a déjà une Edition entre les mains des Etudians dans les Ecoles, calment ſon chagrin. Cet Ouvrage, digne de paſſer par les mains de Pithou pour être châtié, ne renferme point de beautés qu'il ne ſoit en état de juger.

L'Art poétique fut très-familier à Pithou; l'Epitre adreſſée à Auguſtin de Thou, lorſqu'Auguſte lui remit la place de Premier Préfident, en eſt une preuve non équivoque. Bien différent de nos Poëtes modernes, qui ont le talent de dire de jolis *riens* ſur les bords de l'Hélicon, Pithou dans des vers d'un goût ſupérieur, & d'une excellente latinité, y développe les devoirs du Magiſtrat, ſes obligations envers ſa Patrie déſolée, triſte, affligée & ravagée par les Guerres civiles, le beſoin qu'elle a de ſes talents & de ſes lumieres; il lui en fait connoître la ſource, & lui en prédit les funeſtes effets. (*Voyez* cette piece à la Note 51.). Après avoir expoſé la triſte ſituation de la France, il ajoute: « Un tel renverſement, » tant d'horreurs, ne ſont l'ouvrage de la Reli» gion, qu'aux yeux de ceux qui ne la con» noiſſent pas: le crime s'eſt fait un rempart » des Autels; il ſe joue des Loix ſous le nom » de la Religion; il oſe tout ſous ce maſque, » & les paſſions ſont les Dieux auxquels cha» cun s'empreſſe de ſacrifier. Mais en vain nous » flatons-nous de diviniſer cette ſcélérateſſe; » en vain prétendons-nous lui donner le Ciel » pour complice. Diſons la vérité, la France » n'a plus de Dieu »....

Ainſi parle ce Grand Homme; non, jamais Cicéron, en apoſtrophant Catilina, ne fit une Harangue plus véhémente & plus ſoutenue: chaque mot renferme une foule de ſentiments que l'ame patriotique peut ſeule concevoir; c'eſt un tout, plein de vérité; c'eſt un de ces tableaux frappants, qui, ſaiſiſſant l'ame tout-à-coup, la tranſportent auſſi-tôt au lieu où ſe paſſe la ſcene. Ce morceau, digne parallele de ceux des Virgiles, des Cicérons, des Démosthenes, des Horaces, & au-dessus des modernes, est d'autant plus digne d'être goûté par vous, Messieurs, qu'il caractérise le vrai Citoyen François.

Pithou est aussi grand Poëte, qu'excellent Jurisconsulte; mais l'utilité de ce dernier état pour sa Patrie, l'emporte sur le premier; aussi ne fait-il que peu de vers. En 1588, il met au jour une Collection des Capitulaires de Charlemagne; cet Ouvrage manquoit à notre Jurisprudence, à notre Histoire Civile & Ecclésiastique, & même à l'Histoire générale de l'Europe, pour le neuvieme siecle. Il donne, peu de temps après, la premiere Partie du Recueil des Historiens de la seconde race de nos Rois; ces monuments de notre Histoire, depuis 708 jusqu'à 990, nous étoient jusqu'alors inconnus. Les ravages de la Ligue l'obligent de faire passer la suite au fameux Vechel, Libraire à Francfort; le savant Frecher Marquard, préside à l'Edition; & dans la Dédicace qu'il en fait à Pithou même, il lui dit, « que cette Edition est une source pure, » intarissable de lumiere & de doctrine, le » rendez-vous de tout ce que l'antiquité a » produit d'excellent & d'utile ».

En 1589, pendant les fureurs de la Ligue, Pithou se réunit avec le Fevre, depuis Précepteur de Louis XIII : là ils font des Recueils précieux sur l'Histoire générale Ecclésiastique, & sur la discipline de l'Eglise; l'Ecriture-Sainte, les Conciles, les Saints Peres, la Critique des Auteurs Ecclésiastiques, deviennent l'objet de leurs études; la modestie de Pithou fait qu'il prive de son vivant le Public de ces Ouvrages ; & c'est à la sollicitation du Pere Sirmond, qu'il fait paroître l'Histoire de la Dispute célebre sur la procession du Saint-Esprit, qui agitoit l'Eglise Grecque & l'Eglise Latine.

Que ce siecle, Messieurs, étoit heureux de voir tous les Savants s'entr'aider, s'échauffer & s'exciter à se rendre utiles à leur Patrie, en répandant la lumiere de tous côtés. Alors ils employoient quelque fois leur vie entiere à vérifier & à perfectionner un ancien Manuscrit, afin qu'il fut un trésor sûr & fidele pour chaque Citoyen ; la soif de l'or n'avoit pas encore corrompu les ames, & chaque jour d'un Savant n'enfantoit pas un volume de compilation mal digéré, & souvent plus propre à induire en erreur qu'à éclairer : les *Posthumes d'alors n'étoient pas bâtards*, & peut-être n'y eut-il que M. Dupuis qui fut suspecté d'avoir adopté, après la mort de Pithou, l'explication des Libertés de l'Eglise Gallicane, que l'Auteur avoit annoncé avant sa mort (52).

Toutes les circonstances où se trouve un Grand Homme, doivent tourner à l'utilité Publique. Pithou suit ce principe. Ayant retiré de la Bibliothéque de Catherine de Médicis, un ancien Manuscrit du Texte grec du Canon, par Nicephore, Patriarche de Constantinople, il le fait imprimer en 1590, avec une Dissertation sur les Interprêtes grecs & latins de la Bible ; il y joint la Traduction latine de ce Canon, par Anasthase le Bibliothécaire. Il semble que la Providence a réservé tous ces précieux monuments, pour être recueillis par la main de Pithou.

Dès 1581, il s'occupe de l'Edition d'un Manuſcrit appartenant à la Cathédrale de Troyes, contenant deux Abrégés des anciens Canons de l'Egliſe latine, l'un rédigé par Fulgentius Ferrandus, Diacre de Carthage, ſous l'Empire d'Anaſthaſe; l'autre par Criſconius, fait ſans doute par l'ordre du Pape Libère (53). Plein de religion il étudie la morale & ſes préceptes, & en 1590 il donne le *Comes Theologus*, contenant l'eſprit des trois Vertus théologales.

Il ne borne point là ſes Ouvrages pendant le temps de la Ligue; il en compoſe encore deux excellents, l'un ſous le titre de *Corpus Juris Canonici*, l'autre ſous le titre de *Corpus Canonum vetus Eccleſiaſticum, cum Miſcellaneis Eccleſiaſticis Petri Pithaei.* On y voit partout régner une connoiſſance profonde des Auteurs qui ſe ſont appliqués à l'étude des Canons, des Décrets, de la ſource des Loix, & de la diſcipline Eccléſiaſtique.

Le Cardinal Cajetan, arrivé à Paris en 1590, avec dix mille Hommes de Troupes, pour ſoutenir les extravagances des Ennemis de l'Etat, recherche la connoiſſance de Pithou. Ce Cardinal, Grand par lui-même, mais trop aſſervi aux prétentions extravagantes de ſa Cour, eſt digne de conférer avec le Juriſconſulte François; un de ſes Docteurs, député pour reconnoître ſi Pithou eſt digne de la réputation dont il jouit à Rome, lui propoſe d'expliquer le vrai ſens de la Loi 3, du dernier §. ff. *ad Legem falcidiam* (*), qui étoit le *nec plus*

(*) *Item ſi Reipublicæ in annos ſingulos legatum ſit.*

ultra des Ecoles d'Italie. La clarté, la ſagacité, & la préciſion avec laquelle Pithou répond ſur le champ, ſurprend & étonne l'Italien, qui ſe retire rempli d'admiration & d'eſtime pour lui. Dès ce moment l'amitié du Légat & de ſa ſuite lui eſt acquiſe.

En 1591, après la levée du Siege de Paris, il eſt queſtion de décider à qui des Ecoliers des Colleges de Liſieux & de Clermont, (c'étoient les ſeuls Colleges de l'Univerſité, qui fuſſent alors en exercice), doit appartenir un Prix, que Simſon, Ecoſſois, Principal du College du Pleſſis, a laiſſé pour prix d'un Concours, dans une compoſition grecque & latine en vers & en proſe. Edouard Molé, Procureur Général *de la Commiſſion*, invite Pithou à ſe trouver au College de Liſieux. Le ſujet de la Compoſition furent ces paroles : *Quid ſit cras futurum fuge quærere; donnez-vous de garde de vous inquiéter de l'avenir.* Pithou & quelques autres Savants, par zele pour le rétabliſſement des Belles-Lettres, ſe chargent de l'examen des compoſitions, & ils donnent la palme aux Ecoliers de Liſieux.

Les recherches que font les Savants, de Pithou & de ſes freres, ſont la preuve la plus authentique de leur goût exquis dans la Littérature; auſſi les louanges leur ſont-ils donnés de toutes parts (54).

---

cum de Lege falcidia quæratur, Marcellus putat, tantum videri legatum, quantum ſufficiat ſorti ad uſuras trientes ejus ſummæ, quæ legata eſt colligendas.

Il met au jour, en 1595, le Concile de Paris, tenu en 824, sur le Culte des Images. Ses talents pour la Littérature & la Jurisprudence, bien loin de lui attirer des rivaux & des ennemis, ne lui font que des admirateurs ; il en est redevable aux qualités d'esprit & de cœur dont il est doué.

Quelque sensible que doive être à Pithou sa séparation d'avec Nicolas le Febvre, dont Henri IV fait le choix en 1596, pour l'éducation du jeune Prince de Condé, il préfere à sa propre satisfaction, à sa vie même, l'intérêt de la Nation ; il se console de la perte de son ami, & du compagnon de ses études, lorsqu'il voit qu'un si grand Prince, *l'objet de ses délices & de son amour, jette les yeux sur le Febvre, pour présider à l'éducation de l'Héritier présomptif de la Couronne* (55). Les talents éminents de le Febvre, dans la Littérature, dans la Jurisprudence, & dans le Droit Publico-Politique des Nations, répondent au choix du Roi. Personne ne fut plus propre que lui, à éclairer le Prince de Condé sur ses droits & sur ses devoirs ; il n'en faut point d'autre preuve que sa qualité d'ami, & de compagnon des travaux de Pithou.

La peste ayant obligé Pithou de quitter Paris, il se retire à Troyes, où il fait imprimer les Fables de Phœdre, inconnues jusqu'alors à l'Europe Savante ; il forme en même-temps le dessein de faire paroître une Edition de divers Fragments de S. Hilaire, & de l'Histoire secrete du fameux Concile de Rimini ; il se propose même de faire l'Histoire des Evénements qui ont ravagé la France depuis 1540 ;

il veut par-là apprendre aux Grands de la France, que leur bonheur dépend de leur union, à l'exemple d'Homere, qui dans ſon Iliade, fait ſavoir aux Grecs, que leur union & la paix doivent être le fruit de la bonne intelligence de leurs Héros.

C'eſt ſans doute une grande perte pour la Nation, que ce Grand Homme n'aye pu exécuter ce louable deſſein. Que de choſes intéreſſantes, lui qui étoit Auteur contemporain, & de plus, ſage & éclairé, ne nous auroit-il pas tranſmis avec cette vérité, cette pureté, cette élégance & cette exactitude qui le caractériſoient? On ſait de quelle importance auroit été un ſemblable Ouvrage ſortis de pareilles mains; parfait connoiſſeur en Littérature & en Juriſprudence, ſon approbation, dit M. de Thou, étoit pour moi un préſage infaillible, & un gage certain des ſuffrages & de l'approbation du Public.

Tels ſont les traits de génie partis de ce Grand Homme, avec cette fécondité & cette rapidité qui étonnent & qui ſaiſiſſent d'admiration. Ses talents dans la Juriſprudence & dans les Belles-Lettres, vous ſont, Meſſieurs, connus; ſa ſupériorité ſur-tout dans le Droit Public & Politique de la Nation, devroit entrer dans cette premiere Partie de ſon Eloge; mais elle tient à ſon patriotiſme. Nous nous hâtons d'y arriver, tant pour ſatisfaire ce goût qui eſt inné en vous, comme Citoyens, pour tout ce qui appartient au bien public, que pour nous acquiter d'un devoir que nous partageons avec vous; ſavoir, de faire connoître le zele patriotique de Pithou.

SECONDE PARTIE.

Pierre Pithou fut un vrai & zelé Citoyen, OU LE PATRIOTISME DE PITHOU (*).

Qu'il eſt doux, Meſſieurs, d'entendre les François parler de Patriotiſme dans un temps où il eſt preſque généralement inconnu, où l'Egoïſme, ce fléau des mœurs publiques, ſemble avoir décompoſé & analyſé, pour ainſi dire, tous les ſentiments de l'ame, pour la détourner de tout ce qui ſort de l'enceinte de ſa perſonne. Or, Meſſieurs, ce doux ſentiment de Patriotiſme, qui s'eſt perdu, ou qui ſe perd de temps en temps, s'eſt toujours conſervé dans vos cœurs; Défenſeurs de la Loi, ami de la Nation, les ſoutiens du Prince & de l'Etat, vous êtes ſans ceſſe armés pour maintenir ſes droits, & ſon intérêt vous eſt perſonnel; au moindre bruit qu'on donne atteinte à nos précieuſes Loix, vos ames ſe livrent à un noble enthouſiaſme, & elles crient à toute force au Peuple: « Souvenez-vous que vous êtes François, que » votre Prince vous fut toujours cher, qu'il » veille continuellement pour votre bonheur, » qu'il ne vous eſt pas permis de donner la » moindre atteinte à la Loi, & que pendant » que vous vous repoſez ſur ſa ſageſſe & ſon » amour, il a droit de tout attendre de votre » fidélité & de votre zele ».

(*) Il eſt peu d'Hommes qui ayent auſſi bien mérités que Pithou, qu'on érigea publiquement leur Statue.

C'eſt cette ardeur pour le bien public, qui caractériſe le François; car ne penſez pas, Meſſieurs, que le Patriotiſme ſoit autre choſe que cette influence & cette maniere de contribuer à l'obſervation de la Loi, qui, comme vous le ſavez très-bien, eſt le vrai lien qui unit les différents Citoyens; c'eſt de-là que dépend le bonheur commun. Hé! qui plus que vous, Meſſieurs, fait d'effort pour ramener tous les Citoyens à ce centre d'unité d'où partent tous les liens de la ſociété; je veux dire, de cet heureux concours à remplir le vœu de la Loi; & à ce titre n'êtes-vous pas, pour ainſi dire, les ſeuls & vrais Patriotes? Défendre le Prince, calmer les eſprits inquiets, découvrir à l'aide du flambeau des Loix, ces trames meurtrieres, ourdies contre quelques-uns des principaux Citoyens, par des perfides qui ſe ſervent de ce qu'il y a de plus ſacré pour cacher leur poiſon; terminer les différents, raccommoder & réunir les familles, porter les unes à faire des ſacrifices pour la paix, engager les autres à oublier des injures, rendre ſupportable à des Vaſſaux le joug qu'un Seigneur eſt autoriſé à impoſer, le faire lui-même départir de quelques droits rigoureux, épouſer les querelles d'un Client ſans en prendre l'humeur, & après avoir acquis des droits à ſa bienveillance, le voir quelquefois devenir l'ennemi de ſon bienfaiteur; être en bute à la vengeance de la Partie adverſe, combattre vigoureuſement contre quelques prétentions abuſives d'un Clergé puiſſant, & d'autant plus difficiles à concilier, qu'il les croit toutes ſacrées & inattaquables, consumer, pour ainsi dire, sa vie, sa fortune, & sa santé dans un travail pénible & toujours naissant, dans des discussions compliquées & épineuses, & presque toujours sans autre récompense que le plaisir de s'être sacrifié pour sa Patrie; vivre, pour ainsi dire, dans une guerre perpétuelle, & le tout pour faire régner la paix, l'union, l'amitié & la concorde parmi tous les différents ordres de Citoyens; n'est-ce pas là professer le Patriotisme dans toute la rigueur du mot?

Oui, Messieurs, cet amour pour le bien public, qui, jusqu'à présent, a préservé la France des révolutions attachées à la longueur des Empires, s'est *principalement* réfugié chez vous comme renfermant & possédant les sentiments épurés de la Nation, depuis que les agréments qu'elle procure à l'Etranger, ont fournis l'occasion de donner atteinte à la douceur, à la sincérité, à la candeur & à la noblesse de ses mœurs, par le mélange des vices de tout l'univers dont elle est en quelque sorte devenue le cloaque. Vous en avez donné des preuves éclatantes dans ces derniers temps de malheur où on tenta de faire de l'empire de la Liberté, celui du Despotisme; le Patriotisme vous a soutenu & a sauvé la Nation au moment où une léthargie mortelle, disons plutôt l'Egoïsme, gagnoit insensiblement toutes les têtes faites pour penser. Le Prince, en exauçant vos vœux, s'est couvert de gloire, ainsi que son Ministre, (M. de Maurepas).

S'il est du bonheur d'une Nation d'être né avec l'amour du Patriotisme, il est aussi de son honneur de l'entretenir, puiſque c'eſt ſon ſeul, vrai & unique ſoutien. Cet amour ne peut ſe trouver que dans des ames ſenſibles à l'honneur & à tous les ſentiments qu'il peut inſpirer. L'Egoïſme, ce pere des eſclaves, rétréciſſant l'ame, empêche le jeu de ſes facultés, la rappelle toujours à ſon individu; il la conduit par degrés à tous les crimes. Semblable à ces plantes fraîches (la Senſitive), qui ſe replient & ſe fanent aux approches du doigt, l'ame dès le premier pas vers l'Egoïſme, ſe couvre d'un nuage ſombre au premier inſtant, & qui eſt bientôt ſuivis de l'obſcurité la plus affreuſe. L'Egoïſte François, qui ne l'eſt devenu que par une répétition d'actes où il n'a conſulté que la partie inférieure de ſon ame, ne peut ſe diſſimuler que ce caractere ne lui eſt pas naturel; ſon ame ſe ſentant de ſa premiere origine, n'eſt point inſenſible au Patriotiſme; un reſte d'honneur lui en fait affecter les apparences; mais l'habitude le rappelle à la corruption de ſon cœur; or, ſeroit-il poſſible qu'il y eut des Egoïſtes nés François? Jamais, Meſſieurs, nous ne nous perſuaderons cela qu'avec peine, parce que la Nation Françoiſe ne dérogea point de cet eſprit de franchiſe & de liberté, vrai caractere du Patriotiſme, qu'elle apporta du fond de l'Allemagne, où elle avoit appris à Rome qu'il exiſtoit une Nation digne d'être ſa rivale. Ce fut toujours cette opinion de franchiſe & de liberté, qui fit des Héros, tant à Rome que dans la Grece; c'eſt à elle que ces peuples dûrent leur ſalut dans les circonſtances les plus critiques. Annibal ſort de Carthage, ravage le champ de Rome, & réduit cette ville au déſeſpoir, au moment où elle vient de donner des fers à l'univers; un jeune Homme de vingt-quatre ans, Scipion l'Africain, ſenſible aux cris de ſon cœur & au malheur de ſes concitoyens, forme le projet le plus vaſte, au-deſſus même de ſon âge, vole au ſecours de ſa Patrie, & force le fier Annibal à quitter Rome & à fuire Carthage. Ainſi ſe conduiſit Brutus contre les Tarquins, un autre vaillant Romain contre Porſenna, & les Horaces contre les Curiaces. La Grece eut chez elle de ſemblables Héros, qui développerent avec tant d'avantage pour leur Patrie ces ſentiments Patriotiques, que leurs avoient inſpirés des meres vertueuſes, & des peres orateurs & guerriers.

La France a eu pareillement les ſiens dans tous les ſiecles; l'Hiſtoire nous en fournit une foule d'exemples. Mais, Meſſieurs, pour ne pas abuſer de vos moments, nous ne citerons que Pierre Pithou, qui, par ſon zele intrépide, devient le ſauveur de ſa Patrie dans une criſe d'autant plus dangereuſe, que la politique Eſpagnole, aidée du maſque de la Religion, avançoit plus rapidement ſa ruine & ſon bouleverſement. *Déjà le concert eſt formé d'exclure du Thrône la Maiſon de Bourbon, dans laquelle la France a toujours trouvé un pere & un protecteur, & d'y placer celle d'Eſpagne.* Les artifices, les cruautés, la duplicité, deviennent les armes de Philippe II; la France court à ſa perte ſans s'en appercevoir, un fanatiſme l'aveugle, *& de libre qu'elle eſt, elle crie qu'on* *la rende esclave.* Dans un état aussi déplorable il ne faut rien moins que le zele, les lumieres & le patriotisme de Pithou, pour découvrir la fourberie & la perfidie Espagnole, pour ouvrir les yeux à la Nation, & pour lui faire connoître les suites dangereuses de ses convulsions : c'est à ce Jurisconsulte qu'elle doit son salut; c'est à lui en partie que la Maison de Bourbon doit sa conservation sur le thrône ; & comme Pithou fut un de vos membres, Messieurs, tout cet honneur rejaillit sur l'Ordre. Le développement des travaux de Pithou pour sa Patrie, va vous en convaincre.

Au milieu des malheurs qui désolent la France, Pithou, comme un vaisseau battu par la tempête, qui, toujours bien dirigé, arrive enfin au port, s'arme de toute la fermeté dont le Patriotisme avoit rendu son ame capable ; il voit sans s'émouvoir les passions flotter à ses pieds, & il temporise pour mieux les dissiper. C'est à la source qu'il faut les attaquer ; c'est du cœur des François qu'il faut les bannir ; il se hâte aussi-tôt d'y réveiller le sentiment du Patriotisme. Ses sentiments sont déjà connus (*): « Dois-je, dit-il dans son Epitre à Loysel, » me repentir de ces nobles sentiments, dans » un siecle dont l'inhumanité semble avoir » éteint & proscrit les sentiments même de » la nature ? (c'est peu de jours après la S. Barthelemi qu'il écrivoit ainsi). Non ! je veux » braver son ingratitude, je la braverai même

(*) Epitre à Loysel, sur la Conférence des Loix de Moïse, avec les Loix Romaines.

» à

» à l'avenir par de meilleurs Ouvrages, ſi Dieu, » à la puiſſance duquel rien ne réſiſte, veut, » contre toute eſpérance, m'arracher aux dou» leurs de la mort ».

Son arſenal n'eſt autre que ſa bibliothéque & ſon génie ; c'eſt de-là qu'il tire les armes néceſſaires pour frapper l'ennemi de l'Etat.

En 1579, s'éleve en France, comme nous l'avons dit en paſſant, la queſtion de ſavoir ſi on doit recevoir les Réglements de Diſcipline du Concile de Trente ; les Etats aſſemblés s'y oppoſent ; Henri III balance. Convaincu qu'ils ſont contraires à nos franchiſes & libertés, il n'oſe les propoſer au Parlement. Après tous ces débats, on arrête, ſur l'avis de Pithou, (que le Roi ayant en France la grande police, & attendu qu'aucun Réglement de Diſcipline Eccléſiaſtique ne peut s'y exécuter que de ſon conſentement, & qu'en conformité de nos Libertés & de nos Uſages), peut rédiger en forme d'Ordonnance pour le Clergé de ſes Etats, les Extraits de ce qu'il y a dans ces Réglements de plus conforme à nos mœurs. Paroît alors l'Ordonnance de 1579, rédigée par Pithou ; la Cour de Rome, qui en eſt inſtruite, tonne & menace de toutes parts, *inde iræ*. Déjà Grégoire XIII, dès le mois d'Août 1581, enjoint au Roi de retirer & de ſupprimer cette Loi, *comme inique, injuſte, provenant de perſonnes ſans qualités, attentatoire aux perſonnes & aux choſes Eccléſiaſtiques, & notamment au Concile de Trente.*

« Il n'eſt point permis, (dit ce Pape dans » ſon Bref à notre Monarque), aux Rois de » pouvoir rien ordonner touchant le ſpirituel »,

& il finit par enjoindre au Roi la publication du Concile dans ses Etats.

Cette entreprise du Pape, (Ouvrage de quelques Séditieux, qui veulent profiter des circonstances où se trouve Henri III, pour le brouiller avec la Nation), donne de l'inquiétude à la Cour. Aussi-tôt on jette les yeux sur les lumieres de Pithou; son zele pour la Patrie donne lieu d'espérer qu'il se hâtera de répondre aux sophismes de ce Bref. Sur le champ notre Jurisconsulte prouve, que ce n'est là qu'une entreprise de la part de la Cour de Rome, dirigée par des vues secrettes, qui se manifesterent par les suites funestes de la Ligue. « L'harmonie, dit-il, qui a toujours régné » entre le Sacerdoce & l'Empire, ne peut être » ignorée que de gens animés par des affec- » tions étrangeres; elle consiste dans une cer- » taine liberté dont on ne doit pas resserrer » les liens trop forts, de crainte qu'en les » serrants outre mesure, ils ne viennent à » s'affoiblir, & peut-être à se rompre; ces liens » sont, dit-il, de la part de la France, les » travaux, les combats, les bienfaits, la liberté » de nos Rois, leur soumission filiale, *mais* » *jamais servile* au S. Siege : de la part des » Papes, des sentiments de reconnoissance, » une affection paternelle, une crainte pru- » dente de pousser à l'égard de la France les » choses à l'extrémité; de-là naissent la con- » servation des Privileges & des Libertés de » l'Eglise Gallicane, le respect des Souverains » pour ces mêmes Libertés; il fait voir que si » les Papes ont voulu quelquefois y porter

» atteinte, aussi-tôt la Noblesse, le Peuple » & le Clergé de France, conjointement avec » le Roi, y ont apportés la plus vive résis- » tance (56) ».

Ainsi parle ce zélé Patriote, pour repousser les prétentions toujours subsistantes de la Cour de Rome; la France se réveille, elle reconnoît que les principes de Pithou sont la base de ses Loix & de ses Libertés, & elle rejette avec respect le Bref de la Cour de Rome, qui, convaincue, affecte pour quelque temps de se taire. Henri III ne peut douter des sentiments de Pithou, pour sa personne sacree; dans l'Epitre Dédicatoire à ce Prince, des Capitulaires de Charlemagne, on en trouve des preuves aussi flateuses pour le Prince, qu'honorables pour la Nation. « Votre nom, » mon Roi, dit-il à Henri III, est le seul » sous les auspices duquel doivent paroître les » Loix de ceux de vos Ancêtres, à qui la Re- » ligion a les plus grandes obligations; les droits » du sang qui brillent dans votre personne, » & que rien ne peut ni affoiblir, ni anéan- » tir, les noms dont ces Loix sont intitulées, » l'autorité Royale dont elles sont un auguste » monument, tout exige qu'en vous les dé- » diant, je les rapporte à la source de laquelle » nous les tenons; cette source est inaltéra- » ble, & toujours pure dans la personne du » Roi, dont la Majesté est pour nous une » image de Dieu : le moindre attentat contre » cette Sainte Majesté, est un attentat contre » Dieu même (57) ».

Ainsi parle Pithou, du Roi & de sa Patrie.

En même temps qu'il releve la Majesté du Roi ; il nous fait connoître la prééminence de la Nation, sur toutes les autres qui ont empruntés d'elle leur législation ; fut-il jamais preuves plus fortes & mieux amenées ? Fut-il Citoyen plus vertueux, plus éclairé & plus Patriote ? Non, Messieurs ; Pithou est le sauveur de l'Etat, & la terreur des Ultramontains (58). Il ne faut pas moins qu'un tel Homme dans les circonstances où se trouve la France, en 1589. L'Ultramontain opiniâtre dans des prétentions que l'orgueil & l'ignorance enfanterent, ne garde le silence sur l'Ordonnance de 1579, relativement aux modifications sur quelques Articles de Discipline du Concile de Trente, que pour causer un plus grand ravage. Sa politique devient d'autant plus dangereuse, qu'elle est plus adroitement conduite : alors la France voit quelques-uns de ses enfants former une conspiration, pour exclure de son thrône le meilleur de tous les Princes, celui qui en devint le Pere, & dont elle ne prononce encore le nom qu'avec un saint enthousiasme. La race des Bourbons, alors Protestante, ne leur paroît pas digne de les commander. Trois Tyrans également perfides, arment les coupables ; chacun agit par des principes & des vues différentes, mais tous trois présentent à ces malheureux le même masque, celui de la Religion. Henri III une fois mort (*), le bon &

(*) Henri III fut le dernier des Valois, & Charles V, mort en 1380, en fut un des premiers. Henri IV fut le premier de la Maison de Bourbon, depuis S. Louis, dit Louis IX, mort en 1270.

Grand Henri IV est indigne à leurs yeux de la couronne; son crime est d'avoir eu le malheur d'être élevé dans le sein de la prétendue réforme; cependant la Loi & le sang l'appellent. Les Tyrans, (oubliants que les premiers Chrétiens, dans le temps même qu'ils formoient la plus grande partie de l'Empire, furent soumis & obéirent aux Empereurs Payens), s'écrient de toute part: « *François, rejettez ce Prince*, » non pas parce qu'il est Protestant, mais » parce que nous, Maison de Lorraine, Duc » de Mayenne, voulons usurper la couronne; » nous Ultramontains, voulons qu'elle passe » à la Maison d'Espagne, à la fille de Phi- » lippe II, qui recevra le Concile de Trente, » introduira chez vous l'Inquisition, & nous » rendra par ce moyen vos maîtres ».

Ainsi se forme la Ligue, ce monstre indigne de prendre naissance chez une Nation aussi religieuse, aussi sage & aussi éclairée que la France. Déjà les Seizes se sont emparés de Paris; le fanatisme arme les Sujets contre le Souverain; Henri III, sous lequel le refus d'accepter le Concile de Trente lui donne naissance, est réduit à assieger cette Ville, qui fut toujours les délices de nos Rois; combien n'en dût-il pas coûter au cœur de ce vertueux Prince, de voir ses propres enfants tourner contre lui des armes *qu'ils ont fait serment de n'employer que contre l'ennemi de la Nation!* Cette fameuse Ville contient cependant grand nombre de bons Citoyens dévoués au Roi. Une famille, des enfants, une maison montée, l'espérance d'un calme instantané, les empêchent d'en sortir. Les Ligueurs même redoutent la Loi toujours vivante; la Justice leur fait ombrage; aussi-tôt une partie du Parlement est mise à la Bastille, l'autre est dispersée, un seul reste infidele à son Roi, le Président Brisson, qui subit bientôt après le sort que Pithou lui a prédit (59). Les Seizes veulent tirer avantage de la résidence de Pithou à Paris, & de ses lumieres; ils s'efforcent en vain de vouloir le faire entrer dans une Commission qu'ils viennent d'établir, & qu'il leur plaît de qualifier de Parlement; la place de Substitut qu'on lui offre, ne peut ébranler ses sentiments Patriotiques. Pithou n'eut aucune passion pour les honneurs & pour les richesses, parce que l'Homme de génie né vertueux, n'aime que la vérité, l'honneur & la frugalité.

Pendant la durée de cette Commission, *vous avez, Messieurs, suivis la Magistrature; le parti du Roi vous a paru seul conforme à l'honneur & à la Loi; Pithou suit votre exemple:* s'il paroît au Palais, c'est en manteau, sans aucune qualité; ses propres affaires lui en font une nécessité. Quelques Ligueurs le croyent de leur parti; Pithou connoît par-là l'esprit de cette Troupe fanatique; sa sagacité & ses lumieres lui en font aisément pénétrer toutes les vues & tous les ressorts; il travaille aussi-tôt à les rompre. « Il trouvoit, dit Loysel, » des moyens pour rompre par eux-mêmes les » desseins des plus factieux ».

Henri III, instruit que Pithou est du nombre de ses fideles Sujets, lui fait proposer la place de Procureur Général auprès de la partie du Parlement qu'il vient de rassembler à Châlons ; Pithou, attaché à sa famille & à sa bibliothéque, croit sa présence à Paris plus utile au Roi & à sa Patrie, il refuse avec respect ; mais plein de zele pour son Roi, il lui propose Eustache de Mesgrigny, Président au Présidial de Troyes. Le Prince accepte un pareil choix de la main d'un Grand Homme. Dès-lors Pithou s'enferme durant une partie du temps des barricades, avec le Febvre son ami, depuis Précepteur de Louis XIII. Ces deux Hommes célebres s'occupent au travail immense dont nous avons déjà parlé ; liés par une conformité de goût & d'étude, ils sont inséparables. Mais à tous les malheurs de Pithou, en succede alors un autre ; Cujas, son ami & son respectable Maître, n'est déjà plus ; la douleur oblige Pithou à faire diversion pendant quelque temps avec l'étude. Henri de Monantheuil, Médecin, Professeur de Géométrie au College Royal, devient pour lui un second ami, avec qui il se console ; il suit, pour faire diversion avec le chagrin, son cours de Mathématiques ; la précision, la netteté qu'il voit que cette science met dans l'esprit, lui fait regretter de ne l'avoir pas étudiée dans sa jeunesse.

Les Factieux apprennent enfin que Pithou est du parti du Roi ; cependant quelle que soit à cette occasion leur fureur, ils n'osent l'attaquer. « Je vous parle, leur dit-il, franche-
» ment, sans crainte *de billets ni de proscrip-*
» *tions* : je ne m'épouvante ni des rodomon-

» tades Espagnoles , ni des tristes grimaces » des Seizes, *qui sont des coquins*, que je ne » daignai jamais saluer, pour le peu de compte » que je fais d'eux : je suis ami de ma Patrie, » *comme bon Citoyen* : je suis jaloux de la con- » servation de ma Religion : je suis, en ce que » je puis, serviteur de vous & de votre maison » de Lorraine (60), &c ».

Les services de Pithou envers le Roi & sa Patrie, ne se bornent pas là. En 1593, il se voit réduit à combattre contre les efforts de la Ligue & de la Politique Espagnole : l'attaque est des mieux concertées, & des plus vives; mais la défense est si vigoureuse qu'elle porte le coup fatal à tous ces Partis. Déjà les esprits sont on ne peut pas plus échauffés; on fait dire au Peuple : Henri est Huguenot (*), nous ne voulons point qu'il regne sur nous; qu'on nous donne un autre Roi? A ce bruit, fomenté par des esprits inquiets & traîtres, la Ligue assemble les Etats ; il y est question de donner un Successeur à Henri III; il faut qu'une partie de la France détruise l'autre : la Religion faite pour unir les cœurs, devient dans la bouche des Factieux un signal de division. La Ligue veut absolument faire un Roi ; à cette nouvelle l'Espagnol reprend ses forces, ranime ses espérances, & dévoile enfin sa perfidie. *François, Philippe II veut vous donner un Roi, détruire votre constitution Nationale, faire passer la couronne à*

(*) Henri IV veut monter sur le Thrône après la mort d'Henri III.

un ſexe que vos peres en ont toujours exclus, & en priver le véritable héritier, parce qu'il a le malheur d'être dans l'erreur. Déjà il ſoutient que l'Infante Iſabelle, petite fille d'Henri II, du chef d'Iſabelle (*), mere de cette Princeſſe, doit porter le ſceptre François; ſa propoſition eſt rejettée de la Ligue, qui ne veut favoriſer qu'un des Ligueurs François. Philippe revient à la charge; il offre de marier l'Infante avec l'Archiduc Erneſt, frere de l'Empereur Rodolphe; la Ligue rejette cette propoſition. Que fera donc Philippe? Ne croyez pas, Meſſieurs, qu'il ſoit encore déconcerté; il ignore cependant que la Maiſon de Lorraine n'a fait jouer juſqu'alors tous les reſſorts de ſa politique, que pour couronner le Duc de Mayenne; *ſouffrez, leur dit Philippe, que je me choiſiſſe un gendre François, & alors vous élirez ces deux époux Roi & Reine de France* in ſolidum.

Prince perfide! falloit-il donc faire répandre tant de ſang par le François, pour le tromper? Le piége eſt trop ſéduiſant pour qu'on y échappe; la Ligue applaudit au premier inſtant. Mais ſoit que la Maiſon de Lorraine balance ce parti, ſoit qu'on craigne de donner atteinte à la Conſtitution nationale, on ne ſe détermine pas ſur le champ. Le mal eſt cependant urgent; le Pape Grégoire XIV vient d'envoyer un Légat à la tête de dix mille hommes; le Duc de Savoie veut ſe faire reconnoître au

---

(*) Catherine de Médicis, mere de François II, de Charles IX, & d'Henri III, mourut le 5 Janvier 1589.

Parlement de Grenoble pour Roi ; il assiége & prend d'assaut plusieurs villes de Provence ; le Duc de Parme entre en Artois, ravage & pille tout ; le Pape ordonne la tenue des États pour élire un Roi ; la Ligue veut placer le Duc de Mayenne sur le Thrône, sous le nom de Charles X, la Commission n'y répugne point (*). Le Cardinal de Bourbon est assez lâche & assez ambitieux pour vouloir usurper la couronne, & prendre le nom de Charles (**), mais les Membres du Parlement séant à Tours & à Châlons, ne veulent reconnoître qu'Henri IV (***). Dans de pareilles circonstances la Patrie est en danger, & la Couronne chancelle sur la tête de la Maison de Bourbon ; qui *viendra sauver l'une, & affermir l'autre ?* Pithou, Messieurs, ce Jurisconsulte aussi attaché à sa Patrie, que le fut jamais aucun Romain à la sienne, connoît le remede ; comme un autre Coclés, il vole aux expédients, & prépare tout. Peu Jaloux de contracter aucunes liaisons avec ces fantômes de Magistrats, que la bassesse des sentiments, & l'insensibilité à l'honneur, ont fait placer par la Ligue

(*) La Maison de Bourbon a dû par-là être convaincue de la fidélité du Parlement & des dangers d'une Commission.

(**) Le 31 Décembre 1584, la Ligue assemblée à Joinville, assure la Succession de la Couronne à ce Cardinal ; il mourut gardé à Fontenay-le-Comte, le 9 Mai 1590, âgé de 68 ans. Sixte V le suivit de près.

(***) La Commission reconnut le Cardinal Cajetan pour Légat, le 6 Février 1590. Sixte V meurt le 27 Août suivant, se repentant d'avoir favorisé la Ligue. Elle reconnut Charles X, le même jour que le Parlement séant à Tours, reconnut Henri IV pour légitime Roi.

ſur les Fleurs de Lis du Palais, il ſent plus vivement que jamais la perte des vrais Magiſtrats ; néanmoins dans un moment ſi critique & ſi décifif pour le ſort de l'Etat & de la Maiſon de Bourbon, il ſe perſuade, avec raiſon, qu'il ne peut ſe deshonorer en ſondant les ſentiments des Officiers Commiſſionnaires, dont quelques-uns, frappés de la mort ignominieuſe du Préſident Briſſon, ſont revenus aux vrais principes. Il rallume dans leur cœur cette flamme ſacrée qui eſt née avec le François, pour la conſtitution de l'Etat ; il en ébranle quelques-uns qui commencent à ſe repentir de leur lâcheté ; il n'a pas grand peine à décider le Duc de Mayenne ; pour cela, il leur rappelle la conſervation de la Conſtitution nationale après la mort des enfants de Philippe-le-Bel, malgré la prétention des Anglois. L'enthouſiaſme, un reſte de ſentiment, l'exemple du paſſé raniment la majeure partie des Membres de cette Commiſſion.

En 1593, elle rend un Jugement ſeul digne parmi les ſiens d'être tranſmis à la poſtérité, & d'être lu à chaque génération, puiſqu'il renverſe en partie le monſtre de la Ligue, & qu'en rompant toutes les meſures priſes par Philippe, il donne lieu à la Maiſon de Bourbon de ſe rétablir ſur le Thrône des François. Reconnoiſſez, Meſſieurs, l'Ouvrage de Pithou, dans tout ce qui compoſe le fond de ce Jugement. « La » Cour n'ayant, comme elle n'a jamais eu, » autre intention que de maintenir la Religion » Catholique, Apoſtolique & Romaine en » France, ſous la protection d'un Roi très-

» Chrétien, Catholique & *François*, elle a » ordonnée & ordonne, que l'on fera des Remontrances ce jour-ci même à M. de Mayenne, Lieutenant-Général de l'Etat & Couronne de France, en la présence des Princes & Officiers de la Couronne, étant de présent à Paris, *à ce qu'aucun Traité ne se fasse pour transférer la Couronne ez mains de Prince & Princesse étrangers*... & qu'il ait à employer l'autorité qui lui est commise, pour empêcher que, *sous prétexte de la Religion, la Couronne ne soit transférée en des mains étrangeres*, contre les Loix du Royaume.... & dès à présent elle a déclarée & déclare tous les Traités faits & qui se feront ci-après pour l'établissement d'un Prince & Princesse étrangers, nul, & de nul effet & valeur, *comme faits au préjudice de la Loi Salique, & autres Loix fondamentales du Royaume* ».

Ainsi, soit que la Commission ait des vues secrettes pour le Duc de Mayenne, ou pour tout autre, soit qu'elle redoute les succès futurs d'Henri IV, toujours est-il vrai que Pithou en tire le plus grand avantage pour sa Patrie (*). Quelqu'important que soit ce Jugement dans les circonstances présentes, il reste à Pithou de faire un Ouvrage seul digne de l'immortaliser, savoir, de ramener le Peuple devenu sourd à tout sentiment d'affection pour son Prince, & de réveiller cette horreur naturelle du François, pour toute domination étrangere.

(*) Je puis l'assurer, dit Loysel, pour le savoir très-bien.

Déjà l'exemple du passé ne lui fait plus d'impression, & il croit trouver sa liberté au milieu de l'Inquisition Espagnole. Ainsi furent jadis aveuglés sur leurs propres intérêts, les malheureux Troyens, en écoutant l'imposteur *Sinon*, qui leur conseilla d'introduire chez eux un Colosse fatal ; le prétexte de la Religion servit d'armes à ce perfide.

Pithou connoît à fond le caractere François ; sa légereté lui paroît le contrepoison contre les surprises ; il sait qu'il ne faut pas l'irriter, mais qu'il suffit de le tourner en ridicule, pour qu'il revienne de ses égarements ; ce Peuple, sensible à l'honneur, se reconnoît facilement au tableau qu'on lui présente. Les Etats de la Ligue veulent conserver la Loi Salique, mais ils arrêtent l'exclusion de la Maison de Bourbon ; ils gagnent le Peuple, il faut donc le combattre de nouveau ; c'est l'affaire de Pithou. La Satyre *Catholicon* de Louis le Roy, Aumonier du Cardinal de Bourbon, ne fait aucune impression sur les esprits ; la procession de la Ligue, tournée en plaisanterie, ne peut servir qu'à les aigrir ; l'essentiel d'une Satyre, dans de pareilles circonstances, est d'obliger la Nation à rougir d'elle-même. Pithou entreprend cet Ouvrage & l'exécute ; pendant l'hiver de 1593, on voit paroître sa fameuse Satyre Ménipée, qui n'est pas moins utile à Henri IV, que la Bataille d'Ivry (*61*).

Au jugement des connoisseurs, c'est un chef-d'œuvre du génie ; tout y est saisi avec une perspicacité, une finesse inexprimable ; les caracteres y sont contrastés avec une vivacité ingénieuſe, & quoiqu'il ſe ſoit écoulé près de 200 ans, cette piéce n'a rien perdu de ſa premiere beauté ; le ſtyle en eſt auſſi pur que celui de notre ſiecle. Pithou y fait ſentir à la Nation, que dans la criſe où elle ſe trouve, elle n'a d'autre reſſource que d'obéir promptement au Prince à qui les Loix Divines & Humaines déferent la Couronne. Il s'y déguiſe ſous le nom de Daubray, & en faiſant un réſumé général de tous les événements de la Ligue, il démaſque l'artificieuſe politique de Philippe II, & l'ambition aveugle de la Maiſon de Lorraine ; il fait voir comment elle a oſé porter ſes regards ſur le Thrône ; l'intrigue de ces différents Princes, les conſeils dangereux de la Cour de Rome, qui veut tout bouleverſer pour parvenir à ſon but, y ſont développés avec ce caractere de vérité, que la main de Pithou empreint ſur tous ſes Ouvrages ; ce n'eſt point ce qu'on appelle une Brochure, des mots ou des phraſes ; mais c'eſt un réſumé de notre Hiſtoire Politique, une expoſition faite avec toute la chaleur du génie (d'un vrai Citoyen, en un mot, d'un François) de la conſtitution nationale ; en liſant cette Satyre, on ſe ſent entraîné par un noble enthouſiaſme ; à cette courte analyſe, vous reconnoiſſez, Meſſieurs, le génie de Pithou, & ſon Patriotiſme. « On » peut bien, dit-il, faire des ſceptres & des » couronnes, mais non des Rois pour les porter. Le Roi que la Ligue cherche eſt déjà » fait par la nature, lui ſeul peut ſoutenir » l'éclat de la France, & la grandeur de la » réputation du nom François, (Henri IV).

» Lui ſeul peut remettre la Couronne en ſa » premiere ſplendeur, & nous donner la paix. » De tous ceux qui touchent à la Couronne, » de tous ceux qui deſirent en approcher, il » n'y en a point qui mérite tant que lui, qui » ait tant de vertus Royales, & *tant d'avan-* » *tage ſur le commun des Hommes* ». Pithou parle ainſi de ſon Roi, parce qu'il connoît ſes vertus Royales qui doivent être immortelles, parce qu'il ſait que la Couronne lui appartient de droit, & qu'il doit rendre le Peuple heureux.

Cependant la Ligue perſiſte dans ſon refus; déjà la ville de Paris eſt bloquée, ſes vivres ſont arrêtés ſur la Seine & ſur la Marne; que fera-t-elle? Henri IV veut que l'amour & le reſpect l'obligent ſeuls à ouvrir ſes portes; il aime trop ſes Sujets pour en vouloir répandre le ſang; la Ville, mieux conſeillée, reçoit en triomphe le meilleur de ſes Rois, Briſſac lui en ouvre les portes (62). Pithou, toujours attaché à ce Prince, jouit d'une ſatisfaction infinie à la vue d'une entrée auſſi glorieuſe. Repréſentez-vous, Meſſieurs, un Homme ſage & éclairé, qui, d'un côté, apperçoit une foule de Fanatiques armés par des perfides qui les trompent, & de l'autre, un Roi perſécuté & outragé, qui répand autant de graces qu'il fait de pas, & dont le maintien même annonce la félicité nationale: quelle révolution ne doit pas produire ſur lui un pareil ſpectacle, ſurtout, lorſqu'il n'a rien négligé pour faire reconnoître ce Prince! Non, la joie que Socrate eut ressentie en voyant bannir les Tyrans de sa Patrie, n'eut jamais pu être plus grande.

Déjà se tient la fameuse assemblée de Nantes, Henri IV y déclare qu'il veut entrer dans le sein de l'Eglise Catholique, Apostolique & Romaine (63). Ce projet de conversion désarme la Ligue; mais pour le faire échouer, les Ligueurs, qui ont promis de recevoir le Concile de Trente & l'Inquisition, esperent toujours que la Cour de Rome refusera de l'absoudre. Dès 1586, Sixte Quint, qui n'eut d'autre défaut que de ne vouloir point se départir des prétentions Ultramontaines, a annoncé son dessein en excommuniant Henri IV, & en en réservant l'absolution au S. Siege (64). Grégoire XIII, plus hardi, défend, en 1591, au Clergé de France, toute communication même indirecte avec ce Prince, sous peine d'interdit & de suspense encourue par le seul fait; le Clergé, d'après cela n'ose approcher du Prince. Le Cardinal de Gondy, Evêque de Paris, prend à chaque fois qu'il lui parle une absolution à cautele. Que fera le Roi? Devenu Catholique, regnera-t-il avec la dénomination de Protestant, ou sera-t-il forcé d'aller se jetter aux pieds de la Cour de Rome? Mais en attendant qu'il prenne un parti décisif, il lui faut une absolution à temps. Le Clergé de son Royaume peut-il la lui donner, ou le Prince doit-il l'attendre du Pape? Les Evêques de France, asservis depuis quelque temps aux décrétales, se croyant indépendants des Rois (65), opposent les Bulles pour excuse; l'excommunication,

nication, la suspense & l'interdit, qui sont autant de foudres du Vatican, les arrêtent. Henri IV sent très-bien, que, jusqu'à ce qu'il ait été absous (*), les Ligueurs, à qui il a pardonné, remueront toujours; ils sont sûrs de cette Cour par l'espoir qu'ils lui ont donnés. Ce sont là des questions de Droit Public de la Nation. A qui s'adresser pour les résoudres? aux Ecoles? elles ne connoissent que les Décrétales. Les Ministres, aux Conférences de Surenne, consultent Pithou, qui résout aussi-tôt toutes ces difficultés d'une maniere satisfaisante. Les lumieres de ce grand Homme répandent un grand jour sur nos privileges & sur nos libertés; il répond, que les Evêques de France peuvent réconcilier Henri IV, & l'absoudre, nonobstant la Bulle de Sixte Quint & celle de Grégoire XIII (66). « En cet état, s'écrie-t-il, » les Evêques peuvent-ils hésiter à embrasser » ce beau & ce seul moyen de conserver l'Etat » du Royaume, d'y maintenir la Religion Ca» tholique, d'y assurer la juste autorité, & » de pourvoir à la conservation des Libertés » de son Eglise »?

Le Clergé de France se rend enfin aux solides raisonnements de Pithou, & Henri IV reçoit, le 25 Juillet 1593, l'absolution de l'Archevêque de Reims; Pithou en regle le cérémonial, & donne les formules nécessaires pour

(*) Le 16 Septembre 1595, Messieurs d'Ossat & du Perron, obtinrent de Rome l'absolution du Roi, par le moyen des Cardinaux Tolet & Baronius. Clément VIII étant mort, le Roi lui fit faire des obséques magnifiques.

cet acte, qui assûra à jamais ce grand Prince, pour Monarque, à la France.

Henri IV, respirant à peine sur le Thrône, s'occupe de l'objet qui est le plus cher à son cœur, celui de rendre la justice à ses Peuples; il vient de rassembler quelques Membres épars du Parlement; il veut provisoirement former un Tribunal, en attendant le retour du reste de ses fideles Magistrats dispersés. Pithou est un Jurisconsulte devenu cher au Roi; le 27 Août 1594 (*), ce Prince lui fait proposer par le Chancelier, de faire la fonction de Procureur Général dans ce Tribunal urgent, jusqu'au retour du reste du Parlement. Pithou n'accepte que sous cette condition; la délicatesse de ses sentiments ne lui fait voir cette démarche que comme un action utile & dont les vrais Magistrats lui sauront gré (67).

Redoublant alors de zele & d'activité, il veut effacer à jamais aux yeux de la Nation des faits qui seront toujours pour elle un objet de honte, dont elle rougira. Comme dans ces temps malheureux, la Commission, enfant du fanatisme & de la trahison, a tracé sur ses registres les marques de sa réprobation & de son indignité, Pithou, à qui le Roi les fait remettre, *en efface tous les traits injurieux aux vrais Magistrats demeurés fideles au Roi & à la Nation, tout ce qui a été fait contre*

(*) En 1594, le Parlement déclare nulles les Provisions de Bénéfices, que les Cardinaux Cajetan & Séga, Légats du S. Siege, avoient répandues pour entraîner tout le Clergé dans la Ligue.

Henri III & Henri IV. Il ne veut pas que ces dépôts transmettent à la postérité des preuves du fanatisme de son siecle ; il fait enlever des registres des Eglises, des Monasteres & des dépôts publics, tous les monuments de fureur qu'un zele aveugle y a placé en faveur de la Ligue ; tels que les Tableaux des inscriptions de serments, les registres de signatures, les actes de confrairie & d'association, & tous les monuments érigés en mémoire du fanatisme. Tous les Livres qui en respirent les sentiments, sont jettés aux flammes. Ce Grand Homme prépare tout, pour que le Parlement, à son arrivée, trouve tout dans l'ordre. Le Parlement une fois réintégré, Pithou reprend son rang au Barreau, à l'exemple de ce fier Romain, qui, après avoir sauvé sa Patrie, & donné des Loix aux Samnites, va reprendre le soc de sa charrue.

Ce sont-là, Messieurs, de grandes actions dignes d'occuper une place dans votre mémoire ; ce sont-là les sentiments d'un héroïsme d'autant plus admirable, qu'il est plus rare & qu'il est enfanté par l'honneur, la gloire, & l'amour du bien public ; ce sont des vertus que vous devez soutenir, réchauffer, entretenir & même enflammer comme le seul lien qui soutient la Nation, sur-tout dans un siecle où un triste & fatal Egoïsme s'éleve sur leur ruine, & entretient les ames dans une langueur mortelle.

Pendant que Pithou travaille ainsi à mettre la concorde & la paix au milieu d'une Nation qui commence déjà à pleurer sur ses erreurs, à la vue du Grand Henri, la Cour de Rome ne perd point de vue ſes prétentions (*). La diſcorde lui paroît le moyen le plus propre pour réuſſir ; elle refuſe opiniâtrement, & ſans raiſon légitime, de reconnoître le Monarque François. Son aveuglement eſt d'autant moins excuſable, qu'elle a eu depuis peu à ſa tête un des plus Grands Hommes de ſon ſiécle, Sixte Quint, qui avoit eu le malheur de réunir à un grand génie, le deſpotiſme & l'ambition du Cloître.

Pithou, la véritable reſſource des François, donne encore l'eſſor à ſon zele patriotique ; il compoſe l'Hiſtoire de ces temps de déſaſtre ; il détruit les ſophiſmes de la Cour de Rome, & raſſure la Nation contre le ſchiſme dont on l'a menacé ; il puiſe ſes principes dans le Code des Chrétiens, dans ce Code ſacré où cette Cour trouve les titres de ſon inſtitution, quant au ſpirituel ; il lui fait voir que l'Evangile reprouve ſa conduite, & qu'oubliant celui dont elle tient la place, elle n'agit qu'en Homme.

Le Roi en ordonne l'impreſſion, afin que tous les Emiſſaires Romains ceſſent de crier que

(*) On ſait que cette Cour contribua beaucoup aux malheurs de la France. Ce ne fut là que la ſuite de ſon reſſentiment. Jules III ayant mis le Royaume en interdit ſous Henri II, ce Prince avoit défendu qu'on eût en aucun cas recours à Rome. Les Moines ſeuls y entretinrent une correſpondance ; ils en obtinrent beaucoup de Bulles, malgré les défenſes du Roi, & ils eurent le ſecret de les faire revêtir de Lettres-Patentes, & enregiſtrer par la ſuite des temps, lorſque l'occaſion leur en a paru favorable ; mais ces Moines ne réuſſirent à Rome, qu'en payant les annates.

Pithou conſeille à ſon Prince de ſe ſouſtraire à l'obéiſſance dûe, quant au ſpirituel, au Vicaire de l'Auteur de notre Religion (*). Il ne faut pas moins que ces chefs-d'œuvres, pour balayer cette foule d'aboyeurs inſenſés, vrais aveugles, qui, ſous un faux prétexte de Religion, ne ſervent qu'à fomenter le trouble dans l'Etat.

La Nation Françoiſe n'a qu'une légereté de gaieté, qu'elle doit à la variété & à l'excellence de ſon climat; mais elle eſt réfléchie, & la raiſon bien préſentée, ne perd jamais ſes droits ſur ſon cœur; c'eſt pour cela que Pithou écrit, & Rome convaincue de ſes torts, ceſſant d'avoir des partiſants, ceſſe de crier. Elle reconnoît *qu'un Monarque François ne doit point être humilié*, & qu'il ſuffit qu'il lui avoue avec regret les égarements de ſon cœur, pour qu'elle lui accorde la grace que Dieu l'a chargé de diſtribuer (68).

Non, Meſſieurs, il n'eſt point de Nation, quoiqu'en diſe la Cour de Rome, qui lui ſoit plus ſoumiſe que nous; c'eſt ce que nous atteſte le frere de Pithou: « Au reſte, dit-il, aucun » peuple ne reconnoît plus volontairement & » franchement, que les François, l'autorité du » Pape, comme Vicaire de N. S. J. C. en » ſon Egliſe, auquel tout bon catholique eſt » tenu d'obéir ». Ainſi penſa la famille de Meſſieurs Pithou.

Les Ouvrages de Pierre Pithou détruiſirent

(*) Il eſt ici queſtion des Libertés de l'Egliſe Gallicane, que les circonſtances où ſe trouve Henri IV, obligerent Pithou de rédiger.

le ſyſtême des prétentions Ultramontaines, les foudres du Vatican ne purent les effleurer. Alors les Souverains de l'Europe, ouvrant les yeux, ne reconnurent plus dans le Pape, que le pouvoir du glaive ſpirituel, toutefois ſubordonné aux Loix & Libertés des Egliſes Catholiques de chaque Etat, pour tout ce qui concerne la diſcipline (*); la liberté de créer à leur gré tant de Cardinaux qu'ils vouloient, devenoit pour eux des piéges dangereux; leurs Courtiſans les entretenoient dans l'ivreſſe de l'ambition; ils lançoient ſous leur nom, cette multitude de Bulles dangereuſes, & dépêchoient des chevauchées de Légats, tant pour mettre le Clergé à contribution, que pour excommunier & rendre mépriſables aux yeux des Peuples, les Souverains qui les protégeoient. Depuis, ſous Paul IV, par le compact, le nombre des Cardinaux a été fixé à ſoixante-douze; les Papes ſont tenus d'en créer un certain nombre dans chaque Etat, qui ſont à Rome autant de contre-poids contre la politique Italienne; ajoutons à cela que la faculté qu'ont certains Souverains Européens, de donner l'excluſion à un des prétendants à la Thiare, a porté le dernier coup aux entrepriſes Ultramontaines. *Ainſi, grace aux Juriſconſultes François, à votre Ordre*, Meſſieurs, *la France* n'a plus à craindre l'excommunication, ni les maux qui en ſont la ſuite.

Au bruit de l'attentat de Jean Chatel, la

(*) Juſques vers l'an 750, les Papes ne furent élus que du conſentement des Empereurs.

Cour de Rome se réveille de nouveau ; mais Pithou sent qu'il faut lui opposer à jamais une barriere insurmontable. Au milieu de tant de troubles, il n'a pas laissé que de recueillir une infinité de faits, qui appartiennent à notre Histoire, & qui nous transmettent, par une analyse exacte, la conduite de nos peres, avec les Loix qui en furent la base ; je veux parler ici de nos précieuses Libertés : jusque-là les anciens droits de la Nation, conservés par la vigueur de nos Rois, & par le zele de nos ayeux, n'étoient connus que par une tradition constante ; il ne falloit pas moins que la main d'un Grand Homme, pour leur faire voir le jour, toutefois après en avoir fixé les principes, & les avoir réunis en un corps de droit, appuyé sur les raisons les plus solides. Pithou entreprend donc de relever l'ancien mur que nos ancêtres avoient sagement placés entre le Sacerdoce & l'Empire, mur que la Cour de Rome, par ses fréquentes incursions, avoit renversé, & dont les François commençoient à méconnoître les ruines.

« O ! Nation, qui viviez dans une léthargie » profonde, que la douceur séduisante & funeste des pavots d'Italie vous avoit occasionné, que vous êtes heureuse qu'il vous » survienne un libérateur au moment où vous » marchez gaiement, chargé des chaînes fatales qui vous traînoient à la mort, en vous » préparant insensiblement à desirer l'Inquisition, *ce Tribunal ennemi de la nature !* » Pithou est pour vous, ce que furent les » Solons & les Licurgues pour la Grece ; c'est

» un Député de l'Ordre célebre des Orateurs, » de cet Ordre conservateur de vos Loix & » de la noblesse de vos sentiments, qui offre » de reconstruire à ses frais l'édifice qui vous » a toujours sauvé ».

Déjà cet Ouvrage précieux est fini; il est écrit avec l'ordre le plus méthodique, le goût le plus exquis, la précision la plus lumineuse qu'on puisse desirer. Deux propositions en sont tout le plan. Les articles sont autant de corollaires les uns des autres, ils sont liés avec une sagacité admirable, & forment autant de petits Traités; Pithou en annonce même les Preuves (69), mais il se hâte de produire cet Ouvrage. Vous l'avez accepté, Messieurs, avec un plaisir inexprimable; le Grand Henri, pour le repos duquel Pithou travaille avec tant de zele, parce qu'il veut vous conserver ce Prince & sa Maison, en accepte la Dédicace en 1594, avec cet air gracieux & satisfait qui a échappé au ciseau de nos Artistes. C'est-là que Pithou développe ses sentiments pour son Prince & pour sa Patrie; elle mérite, (cette Dédicace), ainsi que toutes les Œuvres de ce Grand Homme, qu'on la lise plusieurs fois.

La réédification d'un pareil mur, qu'on croyoit détruit à jamais, ne peut qu'exciter l'indignation de la Cour de Rome. Elle voit que Pithou rallie la Nation, & que dans son cabinet il opere des actions d'Héroïsme, qui surpassent toute la bravoure des plus Grands Capitaines que peut avoir eu la France. Hé! comment un changement si subit, & si bien appuyé, n'auroit-il pas ébranlé les Emissaires de la Cour de Rome ? Déjà montée tout-à-coup ſur le haut du Vatican, pour y voir plus tranquillement les événements futurs, elle apperçoit d'un œil triſte & langoureux le Peuple courant en foule ſe ranger ſous l'étendard des Libertés de la Nation ; elle ſe meurt de douleur en le voyant prêter l'oreille à la voix d'un Orateur, qui fait chez ſa Nation ce que Démoſthene fit en Grece. Dans un moment de calme que lui laiſſent les premiers mouvements de ſa douleur, elle calcule les ſommes qu'elle retirera de la France (*), & de pluſieurs millions qu'elle a juſques-là perçue, elle ne trouve pour réſultat de chaque année future, que quatre à cinq cents mille livres ; elle voit revenir les armées nombreuſes qu'elle obtenoit pour vexer ſes voiſins ; déjà elle apperçoit de très-près que le Clergé de France, ſon unique appui, va fronder ſes prétentions ſur le temporel des Rois, ſur leurs Perſonnes ſacrées ; & ſur leurs Officiers. Elle voit dans le lointain toutes les Nations ſe concilier avec la France, ouvrir les yeux avec elle, *pour remettre le Siege de Rome en ſa première place* ; déjà l'inutilité de ſes Chevaucheurs, de ſes Collecteurs, de ſes Banquiers & de ſes Légats, (Troupes eſſentielles au ſoutien de ſa Monarchie), ſe préſente à ſon eſprit ; elle entend

(*) Les annates, les contributions & impoſitions, & autres ſubventions que la Cour de Rome faiſoit lever en France, ſous le ſpécieux prétexte de guerres de Religion, d'Hôpitaux, de réédification d'Egliſe, de denier de S. Pierre, &c. &c. &c. &c.

que la France & l'Allemagne lui crient: « *Vous êtes suzerain de l'Empire*, vous n'avez pas droit de déposer les Rois, ni les Empereurs. Un Vassal qui veut exécuter une si folle prétention, se rend coupable de félonie, son fief tombe en commise. Elle entend une seconde fois qu'on lui dit : restituez à l'Empire une partie de ces grands fiefs qui avoisinent Rome ; l'Europe Chrétienne & Catholique, veut y placer des Souverains *indépendants* ; restreignez-vous au patrimoine de S. Pierre, au produit des Bureaux des dateries ; on vous respectera toujours comme le chef de la Religion Catholique, vos vertus & vos bons exemples serviront à émouvoir nos cœurs, à les porter à l'imitation ; elles nous rendront heureuses, tandis que vos prétentions excitent notre indignation, foulent nos Peuples, & ne font qu'entretenir des guerres civiles ».

A ces réflexions accablantes pour l'ambition, succede un tableau qui représente des Bulles rejettées avec respect, des Généraux d'Ordres restreints dans le territoire de Rome, des Collecteurs, des Quêteurs, des Banquiers revenants désespérés avec des sacs vuides qu'ils jettent mille fois par terre, des Huissiers qui les suivent avec des Records tous armés d'arrêts & de menottes, des Emissaires bannis, *des Moines devenus Citoyens*, des Légats arrêtés dans l'exécution de leurs projets pour emporter l'argent de la France (*), des Souve-

(*) Depuis ce temps, la Cour de Rome n'envoye plus

rains concertés pour n'avoir plus l'ambition Romaine pour ennemie, prendre des mesures pour les Elections; enfin, des aspirants à la Thiare, rejettés. Sa politique, en se mordant les doigts, l'empêche de voir le contours de ce tableau, le plus effrayant qu'elle apperçut jamais; le passé, le présent & l'avenir forment ce tableau fatal à sa grandeur; prête à succomber sous le poids de l'accablement, elle veut le déchirer, mais il lui échappe. Alors se ranimant, elle met en mouvement, Nonces, Légats, Bulles & menaces. La Ligue court encore à sa défense; mais vains efforts: il faut que cette ambition se dissipe comme un nuage que les vents entraînent sous notre horison; Pithou a dessillé les yeux de l'Europe. Ah! que ne fut-il dans le cas de pouvoir ceindre sa tête d'écarlate, peut-être la Cour de Rome n'eut-elle pas perdu tout espoir, & l'appas des dignités lui eût fait tenter sur lui, ce qui a réussi sur tant d'autres! alors que serions-nous devenus! mais que dis-je, Messieurs? Pithou ne fut point un Egoïste, comme nous l'avons prouvé; mais un de ces Citoyens honnêtes, qui préferent l'intérêt national au leur propre, & quand il n'eut point été Laïque, son ame étoit trop noble pour de pareilles bassesses.

Dans cet état, la Cour de Rome, attentive

---

de Légats en France; ils vivoient sur le produit de toutes ces collectes: Innocent IV & ses Successeurs, exigeoient avec la plus grande dureté, par le moyen de leurs Collecteurs, les immeubles des Ecclésiastiques décédés, qu'ils avoient acquis dès leur entrée dans l'Etat Ecclésiastique. *Voyez* Dumoulin & Loysel.

à l'événement, voit la Nation tenir fermement ſous l'étendard de Pithou ; elle eſpere encore pouvoir tirer parti de l'ambition du Cardinal de Richelieu ; pour ſe l'attirer, elle le flate, elle ſait que c'eſt ce Cerbere qui peut ſeul rendre l'entrée de la France facile (70) : & quoique perſonne ne connût jamais les deſſeins de ce grand Politique, qu'à l'inſtant de leurs exécutions, elle veut le faire parler. « Nous » avons appris, lui fait-elle dire par ſon Nonce, » que vous voulez vous faire nommer Patriar- » che en France, & faire ſchiſme avec nous ». A ces mots, le Cardinal, qui n'eût jamais le deſſein de faire ſchiſme avec Rome, ſe rend à la douleur de cette Cour, ſoit, comme on l'a prétendu, qu'il eſpere y ſiéger un jour, ſoit qu'il craigne qu'elle n'arme de nouveau des ennemis contre la France déjà trop épuiſée (*).

Richelieu (**), trop grand pour être l'ennemi de la France, connoiſſant la bonté, la néceſſité & l'utilité de cet Ouvrage, ne veut pas que ſa complaiſance ou ſon intérêt particulier, ſacrifie nos droits les plus précieux ; il plie cependant, lui qui eſt accoutumé à faire tout trembler. Guidé par une de ſes politiques à la mode, il ſe détermine à donner ſatisfac-

---

(*) On croit que le Cardinal de Richelieu eut l'ambition de croire qu'il pouvoit devenir Pape ; mais la politique Italienne le joua, comme elle joue & jouera toujours les François.

(**) On peut dire que ce Cardinal fût un peu tourmenté par le Clergé de France, qui croyoit voir des héréſies là où il n'y avoit qu'un droit poſitif & légitime, droit qui étoit ſa propre ſauve-garde.

tion à une Cour qui se croit blessée ; s'il n'est pas foible en ce moment, il cesse au moins d'être sincerement attaché à l'Etat ; il croit qu'un Ouvrage, dans un genre à-peu-près semblable à celui de Pithou, sortis des mains d'un Evêque, irritera moins la Cour de Rome.

M. de Marca, Archevêque de Toulouse, entreprend, par ses ordres, un Ouvrage immortel, la Concordance du Sacerdoce & de l'Empire ; ce titre, quoique plus flateur pour la Cour de Rome, qui veut allier l'Empire & le Sacerdoce, ne lui porte pas moins le coup fatal, puisqu'il est calqué sur l'Ouvrage de Pithou ; mais disons la vérité, Messieurs ; M. de Marca, à qui la Cour de Rome ne veut point accorder des Bulles pour son Archevêché, a des ménagements à garder. Quoi ! des ménagements ! la vérité n'en connoît pas ; M. de Marca (71) se conduit avec duplicité ; ayant fait un excellent Livre, il ne fait paroître que ce qui peut plaire à la Cour de Rome, & laisse à Baluze, son Secrétaire, le soin de nous communiquer le tout après sa mort, par une Edition exacte qui renferme nos Maximes. La Cour de Rome s'accoutume insensiblement à admettre nos droits, nos usages & nos franchises ; en un mot, les Libertés de l'Eglise Gallicane sont reconnues en France, comme Loix, en 1651, & c'est-là le tombeau des prétentions Ultramontaines. Le Parlement, qui en conservoit l'esprit dans ses dépôts, déclara alors abusif tout ce qui y dérogeoit, & on astreignît les Expéditionnaires à s'y conformer ; les Loix survenues depuis, leur ont donné la derniere sanction. Ainsi triomphe la vérité, après que la fureur s'est suffisamment déchaînée.

Enfin, le Clergé de France lui-même, jusque-là sourd à des Maximes *qu'il juroit dans les mains du Roi, de conserver, se rend aux arguments invincibles du Grand Bossuet* (72). Ce Prélat, un des plus éclairés de son Ordre, rend hommage au Patriotisme de Pithou, dans l'Assemblée du Clergé de France en 1682, & par son éloquence mâle & rapide, il entraîne facilement tout le reste; on y adopte les quatre propositions qu'on a jusque-là combattu: *tant il est vrai que l'Homme céde plus souvent à l'éducation & aux préjugés, qu'à la raison!* Dès-lors la Cour de Rome, déjà vaincue, voit évanouir pour jamais ses bataillons; le Clergé néanmoins, en se conformant aux Loix de la Nation, reste toujours comme elle soumis au S. Siege, en tout ce qui n'est point contraire à nos Libertés. C'est dans cette fameuse Assemblée de 1682, qu'on reconnoît que nos Rois ne tiennent leur Couronne que de Dieu; qu'elle est indépendante de la Puissance spirituelle; que le Pape n'a d'autre glaive que ce dernier; qu'étant lui-même Suzerain, il ne peut déposer les Rois, & qu'il ne peut dégager leurs Peuples de la fidélité qu'ils lui ont jurés, &c. &c.

Ainsi se concilie la Cour de Rome avec la France, le Clergé avec la Loi; l'union est aujourd'hui parfaite, les esprits sont rapprochés parce qu'ils sont également plus éclairés & plus sages; s'il s'éleve de temps en temps en France quelques prétentions abusives de la part de quelques Membres du Clergé, n'en attribuons, Messieurs, la cause en partie, qu'à l'incertitude des limites des deux Jurisdictions. Il est de la politique & de la sagesse d'un Gouvernement, de ne point procéder à cette démarcation, peut-être trop difficile par elle-même; la sagesse qui doit être la regle du Clergé, semble dispenser d'une pareille opération.

Reconnoissez, Messieurs, de quoi est capable le Patriotisme, & combien il importe à un Etat d'entretenir cette chaleur salutaire, qui, semblable à l'attraction, est un point de réunion où tous les Membres, & le Chef, s'entresoutiennent & balancent, pour ainsi dire, leurs forces, pour procurer un juste équilibre à l'ensemble, & faire régner le concert & l'harmonie dont nous jouissons depuis Pithou. L'Europe savante lui rend hommage; le Grand Henri, fait pour l'apprécier, le regarde comme son soutien, le conservateur de la Nation, & il le juge digne de sa confiance la plus intime. Pithou, vu les circonstances où il a travaillé, doit occuper une place dans le premier rang des Législateurs.

Ce tableau où nous venons de le représenter, est surmonté de cette devise, l'honneur & l'estime publics furent ses guides; vous, Messieurs, si dignes de former les attributs de ce Grand Homme, en êtes les supports ainsi que les émules; mais si Pithou fut recommandable par ses grands talents & par son Patriotisme, il ne le fut pas moins par les rares qualités de son cœur.

D'après ses œuvres & ses actions, il est aisé de se former une idée exacte des qualités éminentes de ce Grand Homme ; la vertu ne va jamais se placer dans des ames intéressées, qui, pour l'ordinaire, sont prêtes à tout sacrifier à la soif de l'or ; les passions en sont bannies ; elle se plaît dans une ame qui vit dans une assiette douce & paisible, qui, voyant les maux occasionnés par les passions, s'attache à ne leur donner aucun empire funeste sur soi ; elle ne réside que dans un cœur que l'amour de l'ordre & du bien Public animent & échauffent à chaque instant, qui ne connoît pour motif de ses actions civiles & politiques, que l'intérêt de ses Concitoyens, qui sait s'affliger des malheurs publics, & qui est exact à remplir ses devoirs. Telle fut l'ame de Pithou ; brûlant de zele pour son Prince & pour sa Patrie, il sacrifie son repos, sa fortune, sa vie même pour les sauver. Un grand nombre d'Ouvrages sortent de sa plume pour les éclairer, pour défendre leurs droits ; il plaint la France des malheurs que la fureur des passions lui occasionne ; son ame tranquille gémit au milieu des horreurs dont elle est le témoin ; le sort de tant d'infortunés l'afflige : sa douceur, ses lumieres, sa patience & son insensibilité font revivre en lui un autre Socrate ; mais il possede toutes les vertus d'une maniere bien plus éminente. Attaché à l'Ordre & au Parlement, il ne s'écarte jamais des principes d'honneur & de gloire qui ont toujours guidés ces deux Compagnies. Ses travaux & son zele ne se ralentissent jamais, parce qu'ils sont le fruit d'un sentiment pur ; il persévere ainsi jusqu'à la mort : d'une amitié affectueuse, chaque ami est pour

lui

lui un trésor, dont la perte l'afflige sensiblement; sa reconnoissance pour ceux qui lui ont rendu service, est au-dessus de toute expression; sa tête est des mieux meublée, tout s'y range par ordre comme dans un moule. Sa vertu est incorruptible; sans ambition & sans intérêt, il sacrifie tout à la franchise; il n'est point partisan de la flaterie qui est l'ennemi de la vertu: au milieu du monde, il n'en prend pas les vices, malgré qu'il soit obligé d'avoir un peu de ces ménagements qui semblent les fomenter; il est sûr de n'être jamais oublié de ses amis: quant à des ennemis, il n'en connoît point. Son estime pour les Grands Hommes, est un sentiment vif, qui, réchauffant toutes les facultés de son ame, lui annonce qu'il l'est déjà lui-même; modeste, il évite les occasions où il auroit pu paroître avec éclat; sans ambition, il fuit les postes avantageux qu'on veut accorder à son génie & à sa vertu: d'une fortune médiocre, pere de famille, il préfere l'intérêt public au sien propre; ses travaux, son Patriotisme, ne sont point couronnés; *la France & le Trône n'offrent aucunes récompenses à son Libérateur*, Pithou n'en rechercha jamais; il sait que dans un Etat Monarchique, le Patriote ne doit prétendre qu'à l'estime publique; chaque Citoyen se reposant sur le Souverain, ne doit point autre chose à celui qui fait des actions utiles à la société. Que pouvoit-il espérer du côté du Roi? l'estime & la confiance? Il l'eut; le Prince avoit l'ame trop sensible pour n'être pas libéral; mais la France, épuisée par de longues Guerres civiles, ne lui permettoit pas de récompenser le millieme de ceux qui avoient consacrés leur vie pour le mettre sur le Trône. Obliger le Public, un Etat, une Nation, c'est faire le devoir d'un vrai Citoyen. Le sort des Grands Hommes de l'antiquité, qui n'ont eu souvent pour récompense de leur zele, que des exils & des persécutions, ne l'empêche pas de remplir son devoir ; il est trop instruit pour ignorer que Socrate, après avoir combattu contre l'usurpation des Tyrans, périt à Athenes par le poison ; que Cicéron, après avoir dissipé la conjuration de Catilina, armé le peuple contre le rébelle Jugurtha, mourut à Rome dans la proscription d'Antoine ; & que peu de temps après, Séneque vit trancher ses jours par un monstre qui auroit dû donner de son sang pour les perpétuer. A ces traits, Messieurs, reconnoissez les caracteres de la vertu, & avouez que Pierre Pithou fut un de ses enfants. A un jugement sain, il réunissoit un discernement vif & sûr, un coup d'œil net, ferme, & presqu'infaillible ; chéri de tout le monde, l'envie, cette fille de la bassesse, n'eut aucune prise sur lui ; pere d'une aimable famille, la vertu lui en fit soutenir la perte ; heureuse, dit-il encore, de ce qu'elle ne fut point témoin des malheurs de sa Patrie.

Voyant que la France commence à respirer sous le regne d'Henri IV, il part pour Troyes, afin d'y prendre quelque repos; l'à, à peine a-t-il fini l'Edition de Phédre, qu'une parque cruelle, jalouse de la vie des Grands Hommes, s'empresse de moissonner ses jours. Toujours attaché à son Roi (Henri IV), se défiant de la perfidie de ceux qui l'entourent, il expire en s'écriant : *ô! mon Roi, que tu es mal servi! ô! pauvre Royaume, que tu es déchirée!*

Ainsi meurt Pithou, à l'âge de cinquante-sept ans. Que ne devions-nous pas attendre de lui, s'il eut vécu plus long-temps ; mais la vie du Sage fut toujours trop courte. Puisse l'exemple de ce Grand Homme, faire sur nos ames les plus vives impressions, nous porter à l'amour de la vertu, du Roi, & de la Patrie! En suivant vos traces, Messieurs, nous sommes assurés de ne point nous écarter des siennes (73).

Fin du Discours.

NOTES.

(1) L'Académie des Sciences & celle des Inscriptions & Belles-Lettres, fondée en 1666 par l'immortel Colbert, n'eût jamais l'intérêt pour mobile secondaire jusqu'en 1699, que l'Abbé Bignon lui fit faire des Réglements par le Ministre.

L'Académie Françoise fut fondée en 1635, par le Cardinal de Richelieu. Toutes ces Académies, ainsi que toutes celles de l'Europe, se sont apperçu, que la plupart des Sçavants vouloient qu'on réchauffât leurs talents par des Médailles d'or ou par des sommes d'argent, & elles ont mis elles-mêmes par là, des entraves au Génie qui doit toujours être désintéressé.

(2) Les plus habiles Artistes qui ont fait les Statues des Rois Henri IV, & Louis XIV, n'ont jamais pu nous rendre sur le marbre cet air de bonté qui s'imprimoit si facilement dans le cœur de leurs sujets.

(3) Du temps de Pithou, la Langue Françoise étoit encore un mélange de vieux Gaulois, & de différents autres idiomes: elle ne commença à s'épurer que près de 50 ans après, c'est-à-dire, lors de la naissance de l'Académie Françoise en 1635: on ne connoissoit point alors de Grammaire Françoise; il y avoit cependant quatre Grammaires Grecques, dont la plus fameuse, celle de Lancelot, ne fût imprimée qu'en 1664. C'est au milieu du seizieme siecle qu'on commença à traduire les Auteurs Grecs. La Réthorique d'Aristote, traduite par Robert-Etienne, mort en 1559, ne fût imprimée qu'en 1630; on commença alors à faire des Grammaires de la Langue Françoise.

(4) Bien différent de Leibnitz, qui, dans son systême *de Harmoniá præstabilitá*, admet les Monades comme des êtres simples, principes indistinctement des ames & de la matiere, ensorte qu'étant toutes uniformes, elles devroient, d'après les inductions qu'on tire de ces paradoxes, produire les mêmes effets, éprouver les mêmes affections, & dans le même ordre; rejettans ce systême, qui est plus que ridicule, nous pensons qu'on ne doit attribuer cette facilité,

ou cette difficulté de recevoir & de rendre les impressions ; de saisir & de développer quelques Sciences, ou quelques découvertes ardues qu'à la fléxibilité, ou à la roideur des organes, qui ne sont pas toutes également composées d'une matiere aussi pure & aussi subtile ; c'est de là que provient l'avantage que le sang transmet dans certaines familles, d'être plus ou moins propres aux Sciences. Les ames sont uniformes, douées des mêmes facultés & attributs ; mais les corps qui n'ont aucun rapport substantiel avec les ames, vu qu'ils sont de nature différente, (les ames étant spirituelles & immortelles) occasionnent cette diversité de races d'hommes que nous admirons, ou que nous plaignons tous les jours. Les ames ont le même degré d'activité, & elles veroient également les objets naturels, sans l'imperfection des organes. Ce Philosophe Allemand, qui ne se justifiera jamais bien du danger de son systême, abusa de son génie, & ses Ouvrages déposeront toujours contre lui, & prouveront qu'il y avoit autre chose en lui que de la matiere ; il fût également du nombre de ces races favorisées du Ciel, par l'union de son ame à un corps des plus frêles.

(5) La famille de Pierre Pithou étoit depuis long-temps dans la Robe, quoique sa Noblesse originaire eut semblé la destiner pour les armes. Le Pere de Pithou, naquit à Evry, près de Troyes en Champagne en *1496*, suivant d'autres, en 1497. Il fut ami du célébre de Thou, pere d'Auguste, & ayeul de François, décapité en *1642* : il fût également l'ami de Perrot, trisayeul de Perrot d'Ablancourt. Il avoit fait ses études avec ces deux célébres Magistrats ; il fut un des meilleurs Avocats de son temps. Il nous a conservé quantité de bons Ouvrages : *Cujas Epistolæ dedica cod. Theod. ad Redingerum*, dit, que Pithou & ses enfans furent une pépiniere de gens de mérite, soumis aux Loix. Pithou, le pere, prit pour devise, inscrite sur le seuil de sa maison, deux mots Grecs, qui signifient, *obéis à Dieu*, mots que ses enfans changerent ensuite en ceux-là, *obéis à la Loi.* Elle subsiste encore sur cette maison, dont François Pithou, frere de Pierre *de Cujus*, fit un Collége en *1539*. Séduit par les prétendus Réformés, il devint un de leurs plus zélés Prosélytes, malgré les Edits d'Henri II ; il avoit élevé ses enfans dans ces mêmes principes. Mort le 17 Avril, 1554 ou 1558, suivant son Epitaphe, il fut inhumé aux Cordeliers,

ne firent aucune difficulté, persuadés que les vertus qu'il avoit pratiqués, ne lui avoient pas permis de mourir dans l'erreur. De son premier mariage avec Demoiselle Bazin, étoient nés Jean & Nicole Pithou, freres jumeaux. Du second, avec Demoiselle de Chantloé, vinrent Pierre Pithou de Savoye, François de Bierne, mort célibataire, & Antoine de Luyeres, Maire de Troyes, en 1610; mort en 1619, laissant deux enfants mâles : il en eut aussi trois filles, Jeanne, Perrette & Ambroise. Perrette fut une Héroïne de la prétendue réforme. Casaubon l'appelloit *Electissimam fœminam.* Ils furent liées avec Théodore de Beze, successeur de Calvin. Les Tassans, fils de Perrette, se liérent avec Scaliger. Pierre Pithou, fils d'Antoine, devint Conseiller au Parlement, & fut la terreur du Cardinal Mazarin : il avoit été élevé par le Febvre, Précepteur de Louis XIII. Il épousa la fille de Loisel. On prétend que la famille des Pithou vient originairement d'une maison distinguée de Basse Normandie, Province dont la Noblesse se croisa & passa dans la Terre-Sainte en 1190. On prétend y voir un Guillaume Pithou, & Loisel est de cet avis. Le pere Pithou, Bailli de l'Evêché de Troyes, dans le Procès-verbal d'intronisation de l'Evêque de Troyes, Monsieur de Melphes, en 1551, y prend la qualité de Noble homme; on la trouve également dans le partage de sa succession, en 1557. Il paroît cependant, par une lettre de Pierre *de Cujus*, en 1571, à son frere Nicole, qu'il doutoit de cette Noblesse. Nous pensons donc qu'il faut attribuer cette incertitude à l'indifférence de Messieurs Pithou sur tout ce qui flate la vanité de la plupart des hommes. Nous dirons avec Spartien, de la famille de Pithou, comme de celle d'Auguste, qu'elle fut plus noble, comme descendante de Jurisconsultes célèbres, qu'à tout autre titre, *fuit Jurisconsultus quod magis eum nobilem fecit.* Nous avons cru entrer dans ce court récit, qui pourra ne pas déplaire à tout le monde; pour plus amples éclaircissement, l'on peut consulter Loisel, Boivin, M. de Thou & M. Grosley, notre Confrere, qui a fait des recherches pénibles, immenses & exactes sur la Vie de Pithou, imprimée à Paris, en deux vol. *in-12.* en 1756.

(6) Un coup à la tête, dont il a gardé les marques pendant toute sa vie, en sert de preuve. Cette grande délicatesse, & cette vivacité obligerent le pere à donner à cet enfant un compagnon qui lui servit d'amusement; un jeune men-

fant, appellé Trouvé, satisfit les désirs du pere & fut l'ami du fils.

(7) Pierre Galland, Principal de ce collége, homme d'un grand mérite, y avoit attiré les plus habiles & les plus célèbres Professeurs.

(8) Il faut avouer que la maniere dont on enseigne la Philosophie scholastique, est une vraie perte de temps, en ce que les Professeurs, pour la plupart, peu propres à s'acquitter d'une place qui exige tant de talents, & tant de lumieres, hérissent leurs cahiers de questions oiseuses & inutiles, inventées jadis par les Moines ; ils négligent de traiter avec méthode les questions les plus intéressantes, & ils omettent même, pour la plupart, celles qui peuvent seules former & instruire la jeunesse, & rendent souvent le tout rebutant & insipide, par la maniere gauche avec laquelle ils prétendent inculquer ces connoissances dans l'esprit de leurs Auditeurs ; on devroit s'attacher à suivre les grands Maîtres de l'Art, Newton, Sgravezande, Euler, &c. & donner une Logique & Métaphysique courtes, & bien raisonnés, beaucoup de Mathématiques, de toutes les parties, & accompagner cela d'une bonne Physique systématique & expérimentale : il faut des génies pour celà, & on en a rarement en France depuis que l'enseignement public n'est plus considéré que comme un métier, un objet de lucre & de fortune. J'ai fait plusieurs années de Phylosophie dans différents Colleges & différentes Provinces, même après avoir étudié la Théologie, & j'ai remarqué que la Logique & la Métaphysique de nos jours rendent l'esprit faux, ergoteur & incertain ; la Phylosophie de nos jours ne contient que ce qu'il y a de plus trivial ; les Mathématiques bien enseignées rendent l'esprit des Etudians juste, & le ramenent toujours à la question.

(9) Crœsus, Roi de Crête, avoit trois enfans, dont l'aîné en ôtage chez Xercés, Roi de Perse, fut tué en sa présence pour avoir conspiré contre ce Prince. Il ne lui en restoit plus que deux, dont l'un étoit muet de naissance. Sardes, Capitale de ses Etats, ayant été prise, les Perses passerent au fil de l'épée tous les Habitans ; Crœsus, sur le point de succomber sous le sabre d'un Persan levé sur sa tête, son fils, muet de naissance, éprouva à la vue du danger auquel la vie de son pere étoit exposée, une si grande

révolution, que le filament qui empêchoit le libre exercice de sa langue se rompit, & qu'alors il s'écria, pour la premiere fois : « Arrête, Soldat, ne porte pas la main sur le » Roi Crœsus mon pere ».

(10) François premier fonda le College Royal, composé d'environ vingt Professeurs, où l'on enseigne toutes les Sciences & les Langues; les Professeurs qu'il y plaça furent recherchés de tout l'Univers Sçavant, & nous voyons encore, par les Ouvrages qu'ils ont laissés, qu'ils en étoient dignes; c'étoit alors une espéce d'Academie, parce que le mérite & les talents en ouvroient seuls la porte. Cet Etablissement se ressentit par la suite d'une espéce de dégénération, comme tout ce qui sort de la main des hommes; le Roi Louis XV la rétablit dans sa premiere splendeur, en 1773. Nous l'avons fréquenté jadis pendant quatre ans, pour y apprendre les Mathématiques & l'Astronomie; chaque Professeur y est tenu d'entrer trois fois par semaine une heure par jour.

(11) L'enseignement des Décrétales étoit seul en vigueur en l'Université de Paris; les Privileges dont les Papes l'avoient comblée, ne lui permettoient pas de désobliger la Cour de Rome, qui, pour sapper nos Libertés, avoit donné la plus grande faveur à ceux qui étudioient le Droit Canon; le Parlement de Paris sembloit avoir été entraîné dans cette opinion : voici l'Arrêt qu'il rendit en 1576, sur le réquisitoire de M. le Procureur-Général, au rapport de M. Anjorrant, qui permet à Cujas d'enseigner à Paris le Droit Civil. « *Et tout considéré*, ladite Cour, attendu la qualité » du temps, & *sans tirer à conséquence*, à permis & permet, » audit Cujas, faire lecture & profession en Droit Civil » en l'Université de Paris, à tels jours & heures qu'il sera par » lui avisé, *avec les Docteurs Régents en Droit Canon*, en » cette villle; permettons auxdits Cujas & Docteurs, donner » degrés à ceux qu'ils trouveront avoir fait constamment » le temps requis, ,, validant ce qui auroit été fait en cette » part, comme si fait avoit été en l'une des autres Univer- » sités fameuses de ce Royaume ».

M. le Procureur-Général disoit de Cujas, « & d'autant que » ledit Cujas est (comme la Cour sçait) personnage de grande » & singuliere Doctrine & Condition (Erudition) & *qu'il* » *a plusieurs jeunes hommes de bonne maison*. . . ,

L'Université de Paris n'abandonna pas pour cela nos maximes; car on lit dans le Plaidoyer de M. Briquet, Avocat-Général au Parlement de Paris, au sujet de la Téologale de Beauvais, le 17 Février 1642, qu'elle refusa l'Indult du Pape Schismatique Benoît XIII, reconnu en France; *munus aversata tanquam proditionis præmium*, & qu'elle prit le parti des Evêques de France.

On voit encore qu'au mois de Mars 1517, lors du Concordat, qui abolit la Pragmatique, reconnue au Concile de Basle, elle se réunit au Parlement, qui, avec M. l'Evêque de Langres, Pair siégeant alors, fit tout ce qui étoit en son pouvoir, pour le soutien de la constitution de l'Etat.

(12) Loisel nous apprend lui-même qu'ils se sont transportés à Valence, où l'Ecole de Cujas fut transférée. Le célebre Cujas devoit répandre la lumiere dans cette Capitale; aussi par la suite y obtint-il, malgré la Cour de Rome, par Arrêt du Parlement de Paris, une Chaire de Droit Civil. *Voyez* la note ci-dessus.

(13) Descartes, né à Hais, en Touraine, le 30 Mars 1596, d'une complexion très-foible, persécuté durant sa vie, mourut en Suède, le 11 Février 1650. Seize ans après, la France le réclama, afin de ne pas décourager les autres Sçavants qui se formoient dans ses Etats.

Leibnitz, né à Leipsic en 1646, posseda tous les genres de Sciences; le Czar le jugeoit digne d'être le Législateur de ses Etats; il mourut à Hannovre en 1716, laissant des sommes immenses, contre l'usage des Sçavants.

Casaubon, fut ami de Pierre Pithou, & Henri IV l'avoit fait son Bibliothécaire; les guerres de Religion l'obligerent de s'expatrier.

Newton, Sçavant Anglois, a eu le mérite de s'approprier les découvertes des autres, & de les faire sortir du cahos de l'obscurité, les développant d'une maniere énigmatique, suivant l'usage du temps, où chaque Sçavant faisoit à la cachette. Il vivoit du temps de Léibnitz; il fut son ami & son rival.

Dumoulin, le plus célèbre Jurisconsulte du Pays Coutumier, homme d'un esprit vif & supérieur en tout, occupé de son état, négligea sa fortune. Les Magistrats le consultoient avant de se décider; il éprouva quelques persécutions qu'il ne dût qu'à son mérite. Il s'occupa à faire des Commentaires. La lumiere perce dans tous ses Ouvrages; il fut doué d'un esprit vif, fin, juste, & délicat, aucun Commentateur n'a jamais sçu mieux que lui appliquer un Texte ou une Loi. Sa femme se récrioit contre ce genre d'occupation; il alloit quelquefois au pilier des Consultations, & donnoit des avis. Il mourut, lorsque Pithou commençoit à paroître, & il fut inhumé à Saint André-des-Arcs, à Paris, suivant l'ancien Registre de cette Paroisse, que Brodeau dit avoir vû.

Grotius, originaire François, célèbre Publiciste, né à Delft, le 10 Avril 1583, fut doué d'un génie, d'un jugement solide, & d'une mémoire merveilleuse; il fut témoin de la révolution arrivée en Hollande contre l'Espagne; persécuté, il se retira en Suéde chez la Reine Christine, qui l'envoya en Ambassade en France: il posséda les Langues Orientales, fit des Commentaires sur l'Ecriture Sainte, des Ouvrages sur le Droit Naturel, sur celui de la Guerre, & beaucoup de Poésies. Il fut supérieur en Erudition & en jugement; tout étoit éminent en lui; il étoit très-grand Théologien, Jurisconsulte, Orateur, Poëte, Philosophe; son esprit, loin d'être renfermé dans les bornes du barreau, étoit à peine concentré dans les bornes de la nature; il répara en France la perte de Scaliger. M. l'Avocat-Général Bignon, disoit que Grotius étoit le plus Sçavant homme qui eut paru dans le monde depuis Aristote. (voyez Dumaurier, pag. 393.) Bossuet l'a suspecté d'être Socinien, cependant il a écrit contre cette Hérésie. Le Cardinal de Richelieu le suspecta pareillement; ce Ministre voulut sçavoir du pere Pétau (ami de Grotius, à qui ce dernier avoit remis ses écrits, pour qu'il réformât ce qu'il pouvoit y avoir de suspect,) en quel état Grotius avoit laissé l'Histoire des Antiquités de Suède. La Reine Christine ayant voulu, qu'on lui remit les Manuscrits de Grotius, le Cardinal ne pût être satisfait sur le champ; cette grande Reine dit qu'elle étoit autant attachée aux œuvres de Grotius, qu'il l'avoit été aux intérêts de ses Etats, elle les fit imprimer. Il est certain qu'un Jurisconsulte & un Sçavant tel que Grotius, étoit plus capable qu'aucun autre de s'acquitter dignement d'une Ambassade; la France n'eût qu'à s'en louer, même sous un Ministere tel que celui au Cardinal de Richelieu : enfin il travailla envain à réconcilier les prétendus Réformés avec les Catholiques : il mourut le 28 Août 1645 ; cette date ne paroît pas s'accorder avec le trait du Cardinal, mort en 1642 & qui est censé, d'après le pere Pétau, avoir survécu Grotius ; il faut qu'il y ait quelque erreur de date sur cela. Lehman a fait ces vers sur Grotius :

Hic ille est Grotius, majus quo doctior orbis
Nil habuit credo, nil habiturus erit :
Gallia quem stupuit, stupuit quem Succia verus
Qui phœbus Delphis, orbe Pharusque fuit.

Juste-Lypse vivoit aussi du temps de Pithou.

Enfin, depuis l'invention de l'Imprimerie, toute l'Europe saisissant la lumiere avec avidité, donnoit l'essort à son génie ; jusqu'à cette époque les lettres avoient été concentrées, & Recluses dans les Monasteres, dans les Chapitres & les Cathédrales ; les Moines & le Clergé avoient entretenus la Noblesse dans une léthargie qui l'avoit dépouillée de ses plus grands biens ; elle tenoit d'après cela pour maxime, qu'il étoit glorieux & honorable d'être ignorant ; ceux de ses enfants qu'on y élevoit, habitués à la vie Monastique, n'en sortant plus, ne pouvoient éclairer leurs peres ; le génie qui osoit s'annoncer, avoit à redouter l'Index & l'Inquisition chez un Peuple, le fanatisme & la persécution chez l'autre. Il étoit défendu de penser ; ainsi Galilée, mort à Florence en 1642, faillit périr pour avoir découvert, tant par l'Astronomie que par la loi de la pesanteur des corps, qu'il existoit des Antipodes ; c'est au commencement du siécle où vivoit Pithou, qu'il se fit une si grande révolution dans les esprits, & le Clergé y a trouvé par la suite son avantage : le génie franchit les barrieres de l'Europe ; Christophe Colomb, en 1492, venoit de découvrir l'Amérique ; bien lui valut d'avoir du génie ; car à quarante lieues de ces nouvelles terres sa perte étoit résolue, on devoit le jetter à l'eau s'il n'eut annoncé qu'il sentoit déjà l'odeur des plantes d'Amérique. En 1497, Vasco de Gama découvrit les Indes : en 1518, Cortés fit la conquête du Mexique : en 1525, Pizarre fit celle du Pérou : en 1519, Magellan pénétra jusqu'aux Terres Australes : en 1577, Drak fit le tour du monde ; & que seroient notre luxe & notre commerce, si on eut mis à l'Inquisition le génie qui avoit voulu ainsi se promener pour enrichir sa Patrie & lui rendre la vie plus douce & plus agréable. Copernic, né à Thorn, en 1473, publia en 1543, le Vrai Systême du Monde; le génie de Tycho-Brahé, gentilhomme Danois, lui fit dépenser jusqu'à sa mort (arrivée en 1502 à Pragues) cent mille écus pour l'Astronomie, Kepler, Astronome Allemand, né en 1571 & mort en 1630, détermina la loi du cours des Planettes; en 1609, Métius, Hollandois, forma le premier Thélescope; d'Argentré fit à-peu-près dans le même temps son Chef-d'Œuvre sur la Coutume de Bretagne; de toute part on vit paroître des Sçavants, des Jurisconsultes; en un mot, il semble que la Nature jusque-là garottée, s'efforce de jetter sur la surface de l'Europe cette multitude de génies en différents genres, pour se reposer pendant quelques siécles, afin d'en concevoir d'autres, & la France eut le bonheur de voir naître en Champagne le célèbre Pithou, qui devoit rompre les chaînes sous le poids desquelles l'ambition de la Cour de Rome la faisoit gémir depuis plusieurs siécles.

(14) L'amitié de Loisel pour Pithou l'engagea à recueillir avec avidité tout ce qui émanoit du génie de ce dernier. Heureux les grands Hommes qui ont des amis qui prennent la peine de transmettre leurs actes à la postérité, & de suppléer à l'indifférence qui les porte souvent à négliger de faire part à la Société future des Œuvres qu'elle admirera: c'est à Loisel que nous sommes redevables du Recueil de Pierre Pithou: (on observera ici que Pierre Pithou avoit un frere appellé François, un troisieme dit Nicole, un quatrieme dit de Bierne, qui se distinguerent également dans le même genre; ils posséderent également d'une maniere éminente les Belles-Lettres, les Loix & le Droit Puplic, & ils ont laissé des Chefs-d'œuvres en tous ces genres; on est donc obligé de désigner Pithou, *de Cujus* par Pierre, pour le distinguer des trois autres). Il fit en sept livres des Régles générales sur l'analogie des termes obscurs, & sur l'interprétation des termes les moins usités des Loix Romaines & des Décrétales. Ces Régles furent le fruit des méditations de Pithou sur les Loix, pendant son cours d'étude, monument précieux qui nous apprend la maniere d'étudier.

(15) Voyez le treizieme Livre des Observations de Cujas, *debemus.... Petro Pithœo, debemus & alia innumera, &c.*

(16) L'ordre des Avocats a toujours été regardé comme un autre Licurgue qui voulut que ses Loix fussent gravées sur le cœur des Citoyens & non sur l'airain; c'est une compagnie de gens honnêtes & libres, qui font profession d'étudier pendant toute leur vie pour la défense des Citoyens, sans aucun espoir de récompense; ils n'ont pour discipline que ces trois choses: *ne rien faire qui puisse compromettre* l'honneur, *la délicatesse & la liberté*, c'est-là le pivot qui les soutient: quiconque entreprend cette profession pénible, doit sonder son ame, & s'il se sent du penchant pour l'intérêt, il doit fuir en disant, cet état me sera toujours étranger; M. de Pontac Evêque de Bazas, dans la Chronique d'Eusebe, édit. de 1604, dit de Pithou en l'honneur des Avocats, que » *pro summâ sua eruditione solus à rege Christinissimo, electus* » *fuerit ex immenso illo totius doctrinæ totius eruditionis* » *fonte choro scilicet advocatorum parisiensium arbiter* » *sederet.*

(17) Voyez la Vie de Pierre Pithou, pag. 101, Tom I. Edition de 1656.

(18) Il y en a eu plusieurs Editions, la premiere en 1600, par son frere François, la seconde en 1609, la troisieme en 1628, & la quatrieme en 1630.

(19) Jusque-là il se fit un devoir de ne point plaider. L'Historien de sa vie nous apprend, qu'ayant plaidé une cause qu'il gagna, il se borna à la Consultation. Une grande timidité, une parfaite droiture, un éloignement pour la chicane & pour les subtilités qui s'étoient glissées dans le Barreau, contribuerent sans doute beaucoup à cette retraite. La vérité nue & sans fard, avoit des droits certains sur son cœur, & il croyoit avec raison, que la profession honorable de l'Avocat, ne doit point lui permettre de sacrifier ses lumieres à la passion d'un plaideur opiniâtre; il avoit cependant de l'organe & une élocution sublime. Le Barreau fit donc une perte de ce côté là, mais elles fut suffisamment réparé par les sçavantes Consultations & les Ouvrages profonds qui sortirent de son Cabinet.

(20) Voyez ses *Adversaria Subsesciva*. Le Recueil de l'Abbé, pag. 443. *Adversaria Petri Pithæ boni libri*, disoit *Joseph Scaliger*

(21) Cette Critique, qui se trouve à la Bibliotheque du Roi, parmi les Manuscrits des *Adversaria*, regarde l'expli-

cation donnée par Pierre Pithou d'un passage où Pétrone détaille la maniere dont on procédoit juridiquement à Rome dans la perquisition des choses volées. Ce n est pas une Gazette ni un Journal, mais un Ouvrage *adhoc*, où l'Auteur a laissé entrevoir qu'il est convaincu que Pithou est son Maître.

(22) Cujas ad. tit. X. lib. 2, *de feudis* « L'inclination & » l'estime m'ont attachés à M. Pithou dès sa plus tendre » jeunesse : dès-lors j'eus le bonheur de prédire qu'il dévan- » ceroit tous ses Contemporains dans la carriere des Sciences » & dans le chemin de la vertu. Ses découvertes qu'il veut » bien me communiquer, en resserrant les nœuds de notre » amitié, ajoutent à mes sentiments pour lui tous ceux que » peut inspirer la reconnoissance : ces sentiments me seront » communs avec tous les gens de mérite, lorsque cédant à » mes instances, il aura lui-même fait part au Public de ses » précieuses Découvertes, &c.

(23) Martin Luther, né le 10 Novembre 1483, à Islebel, Comté de Mansfeld en Allemagne, changea son nom de Lother en celui de Luther. Maître ès-Arts en 1503, il se fit Religieux à l'âge de vingt-deux ans, dans l'Ordre des Hermites de Saint Augustin, à l'occasion de la mort d'un de ses camarades, arrivée par un coup de foudre hors de la ville de Virtemberg. Devenu Prêtre en 1506, il dit exactement la Messe durant quinze ans : ayant enseigné la Philosophie dans son Ordre à Virtemberg, il fut député à Rome, où il pacifia certaines affaires avec beaucoup de prudence. De retour, il prit le bonnet de Docteur, & fut fait Professeur, à Virtemberg, en 1516 : il étudia l'Hébreu & le Grec, & combattit la Théologie Scholastique, par différentes Thèses sur le libre arbitre, sur le mérite des bonnes œuvres, & sur les traditions humaines : les Papes étoient dans l'usage de lever des sommes sur les différentes Eglises. Léon X, en 1517, voulant faire, à ce qu'on prétend, rétablir la Basilique de Saint Pierre à Rome, desira qu'on publiât des Indulgences en faveur de ceux qui y contribueroient. Les Augustins, Quêteurs de profession, étoient en possession de faire cette publication : le Légat du Pape, lié avec les Dominicains, devenus aussi Quêteurs, leur confia la publication des Indulgences ; à cette nouvelle, les Augustins indignés, se récrierent contre ces nouveaux Quêteurs ;

Staupits, Vicaire-Général des Augustins en Allemagne ; chargea Luther de prêcher contre les Dominicains ; celui-ci s'acquitta de sa commission avec beaucoup de violence ; la querelle s'échauffa de part & d'autre, au point que Luther soutint des Thèses dans un sens condamné. En 1520, il fut excommunié, & condamné par les Facultés de Paris, Louvain & Virtemberg. Les Princes, qu'il avoit gagnés par l'espoir de la rentrée dans les biens Ecclésiastiques concédés, grossirent son parti. Le Cardinal Cajétan, Légat à Hambourg, pût occasionner ce démembrement pour avoir traité Luther avec trop de dureté. Délégué par le Pape pour examiner l'affaire de Luther, (qui s'étant présenté avec deux Notaires, avoit dit qu'il soumettoit tout au jugement de l'Eglise ;) il lui ordonna de se rétracter sur le champ , sous peine des censures ; la nuit, Luther afficha son appel au Pape, & prit la fuite. Telzel, Dominicain, Vicaire-Général de l'Inquisition, brûla les Thèses de Luther, disant qu'il ne falloit point épargner leur Auteur. L'Empereur Charles-Quint veut faire arrêter Luther. (Il faut remarquer que cet Empereur lui avoit donné un sauf-conduit pour comparoître devant le Légat.) Le Duc de Saxe, intéressé à protéger Luther, le retira à l'insçu de tout le monde, au Château de Vestberg, lieu que cet Hérésiarque appelle son Isle de Pathmos, parce qu'il y composa une partie de ses Ouvrages. En 1524, il quitta l'habit de Moine, se fit appeller le Docteur Luther ; il fit brûler les Bulles du Pape, & il se maria avec Catherine de Bora, qui étoit Religieuse. L'Empereur Charles V vouloit donner satisfaction au Pape ; obligé, pour éteindre cette hérésie, d'avoir la guerre avec la plupart des Cercles de l'Empire, il fut réduit à suspendre l'exécution de ses Edits, dans une diéte à Ausbourg, où les Luthériens protesterent contre quelques articles ; delà le nom de Protestant. Soliman, Empereur des Turcs, profitant de ces malheurs, alloit fondre sur l'Allemagne en 1532, de maniere que les circonstances étoient critiques ; Paul V, pour détruire cette hérésie convoqua le Concile de Trente le 15 Mai 1545, & Luther, refusa d'y comparoître. Il est inutile de rapporter ici les différentes erreurs de Luther ; il suffit de dire qu'il rejetta les Livres Canoniques, les Sciences Spéculatives, tous les Sacrements, hors l'Eucharistie & le Baptême, qui, selon lui, n'efface pas les péchés. La Confirmation n'est, selon lui, qu'une cérémonie; l'Eucharistie ne contient, après la consécration, le Corps & le Sang de Jesus-Christ, que dans l'usage avec union au pain & au vin; selon lui, la Messe n'est point un sacrifice, n'y ayant point de propiciation; il rejette la Pénitence, la Confirmation, les Indulgences, le Purgatoire, les Images; l'homme, dit-il, fait tout par nécessité; le pécheur ne fait que des crimes; les Conciles peuvent errer, & ne sont point des régles de foi, les Prêtres ne sont point subordonnés aux Evêques; le Pape est l'Antechrist; la foi seule suffit, avec elle la justice de Jesus-Christ est imputée aux Fideles; les Commandements de Dieu sont impossibles; le nouveau Testament ne contient point des préceptes, mais des exhortations: il rejette les Jeûnes, les Abstinences, les Vœux Monastiques, le Célibat des Prêtres, & des personnes consacrées à Dieu; il enseigne quelques autres erreurs (*a*). Ses Sectateurs se diviserent en Luthéro-Papistes, Luthéro-Zuengliens, en Calvinistes, en Osiendriens, en Confessionnistes & en plusieurs autres Sectes: il mourut à Islebel, le 18 Février 1546, âgé de 43 ans, laissant trois fils, Jean, Martin & Paul. Ses Ouvrages furent imprimés à Virtemberg, en 1545. (*Voyez* Lindan, Pratéole, Florimond, &c.)

(24) Jean Calvin, né à Noyon, le 10 Juillet 1509, du mariage de Cauvin, Secrétaire de l'Evêché, étudia à Paris au College de la Marche & ensuite à Montaigu. A l'âge de onze ans il fut fait Chapelain de la Chapelle de la Gésine à Noyon; en 1529, il permutta la Cure de Marteville avec celle de Pont-l'Evêque, près de Noyon: ayant étudié en Droit à Orléans, sous Pierre de l'Etoile, qui fut fait Président au Parlement de Paris, il alla étudier à Bourges, sous le célèbre *Alciat*; déjà imbu de l'hérésie de Luther, sous Robert Olivetan, il finit de se pervertir sous Volmar; ayant étudié les langues Grecques, Hébraïques & Syriaques, il prêcha la prétendue Réforme Aligniére, près Bourges, où le Seigneur du lieu prenoit plaisir à l'entendre: de retour à Noyon, il résigna ses Bénéfices. Revint à Paris, où il fit imprimer un Commentaire sur deux livres de *Seneque, de Clementiâ*; protegé par Mar-

(*a*) Toutes ces hérésies furent condamnées au Concile de Trente.

guérite

guerite de Navarre, sœur du Roi François premier, il dogmatisa en secret. En 1553, il suggéra à *Nicolas Corpus*, Recteur de l'Université, cette harangue qui souleva contre lui les nouveaux Sectaires. Jean Morin, Procureur du Roi du Châtelet, voulut, en vertu d'ordres supérieurs, arrêter Calvin, mais il ne put le trouver; retiré à Angoulême, il déguisa son nom, il y enseigna la langue Grecque, & y fut appellé le petit Grec; il composa chez le Chanoine du Tillet, Curé de Claiz, qu'il avoit séduit, son livre de l'*Institution*. Du Tillet, revenu de son erreur, à la sollicitation de son frere, Greffier en Chef au Parlement de Paris, Calvin se retira à Poitiers, où il pervertit le Docteur Bonhomme, qui cessa de professer le Droit dans la Ministrerie, (de-là vient le nom de Ministres chez les Protestants) pour devenir Prédicant. De retour de Nérac, d'auprès de la Reine de Navarre, Calvin poursuivi, se retira à Basle, où il finit son *Institution*, qu'il ne craignit pas de dédier au Roi François premier. Déguisé en Ecclésiastique, il changea de nom, il passa à Ferrare, pour attirer à son parti la Duchesse, Fille de Louis XII, protectrice des Luthériens; ayant gagné la Duchesse, craignant l'Inquisition, il se retira à Genêve, où Guillaume Farel, Pierre Viret & le Sénat, lui donnerent la qualité de Ministre & de Professeur en Théologie, quoiqu'il n'eût jamais étudié cette partie; mais par Arrêt de 1538, il fut chassé, à la sollicitation du Syndic, pour avoir rejetté la décision du Synode de Berne. Retiré à Strasbourg, il y fit ériger un Temple pour les François réfugiés; il y Professa la Théologie, & il y commenta l'Epitre aux Romains; il s'y maria avec Idelette de Bure, veuve de Sterder Anabaptiste. (Il ne paroît point qu'il fut dans les Ordres sacrés, quoiqu'il eût été Curé, parce qu'avant le Concile de Trente, un Clerc tonsuré pouvoit être Curé en faisant desservir la Cure.) En 1540, il alla à la Conférence de Worms, à celle de Ratisbonne, & revint à Genêve, en 1541, où il fut bien reçu (ses ennemis étant dissipés). Il y dressa une Formule de sa Confession de Foi, de la Discipline Ecclésiastique & un Cathéchisme à l'usage de sa secte: il étoit doué d'un beau génie, de beaucoup de pénétrations: d'un esprit délicat & érudit, mais sans talent pour la chaire; il fut sobre, chaste, laborieux, désintéressé, mais ambitieux & vindicatif; le Docteur Servet fut brûlé par ses ordres à Genêve, en 1553 : (nous en dirons un mot à la fin de cette Note.) Calvin s'attacha encore Théodore de Béze, dont nous parlerons aussi; celui-ci a écrit la vie de Calvin. Pendant qu'il fut à Paris, en 1525, le Parlement de Paris, toujours attaché à la conservation de la foi dans l'Etat, décreta, d'après l'information, quatre Docteurs de Sorbonne, qui, attirés à Meaux par l'Evêque, y prêchoient à son insçu la prétendue Réforme, & qui ordonna de ne point suivre ces nouvelles hérésies. Calvin a vû toutes les Guerres de Religion qui ont désolés l'Europe. Il composa plusieurs Ouvrages Dans son livre de l'*Institution*, il rend compte des abus introduits pour la distribution des Bénéfices, de l'avidité & de l'injustice de quelques Ecclésiastiques, qui vouloient posséder sur une seule tête, ce qui étoit le Patrimoine de tout le Clergé; il composa en tout neuf vol. *in-folio*, imprimés en 1560. Il suivit à-peu-près les hérésies de Luther, & il fut le Chef de l'Eglise Protestante de Genêve. Après des fatigues & un travail inconcevable, il mourut âgé de 55 ans, accablés d'infirmités, le 27 Mai 1554. (*Voyez* Théodore de Beze, Mezerai, l'Abbé Joly, le Clerc, Souliers).

Théodore de Béze, successeur de Calvin pendant quarante ans, étoit né le 24 Juin 1519, à Vézelai en Nivernois. Volmar de Bourges, à la sollicitation de M. de Béze son oncle, Conseiller au Parlement, l'éleva jusqu'à 17 ans. Il fut fait Licencié en Droit à Orléans en 1539; son oncle (mort en 1532) l'avoit fait pourvoir de plusieurs Bénéfices: sous les auspices d'un autre oncle, Abbé de Froimont en Bauvoisis, il ne suivit point ses conseils; Docteur d'Orléans à l'âge de vingt ans, il ne s'occupa plus qu'à faire des Poésies, où il réussissoit très-bien; persécuté, il se retira à Genêve en 1548, après avoir résigné ses Bénéfices; son ami Crispin, Auteur du Martyrologe, à l'usage des Protestants, l'y suivit. Il ne quitta la France, sa patrie, qu'à cause des chagrins que ses ennemis lui susciterent pour une erreur de jeunesse : leur zèle amer & indiscret a bien coûté du sang à la Nation. Béze revenant de voir Volmar, enseigna le Grec à Lausanne, à la sollicitation des Habitants; là, il commença ses Ouvrages & sa Traduction des Pseaumes. Sollicité par Calvin, il fit un Traité de Droit, pour prouver que les Magistrats peuvent faire périr les Hérétiques; il voulut justifier par-là la mort de Servet. Calvin le fit Ministre à la place de Pontanus. En 1561, il se trouva au Colloque de Poissy, où il se livra à des emportements dont le Cardinal de Tournon se plaignit. Béze s'attacha au Prince de Condé, & il se trouva à la Bataille de Dreux, en 1563; la paix étant faite, il succéda à Calvin. Il avoit un esprit pénétrant, enjoué & même poli, mais il perdoit le respect lorsqu'on insistoit trop. Antoine de Bourbon, Roi de Navarre, qui l'avoit fait venir à Nérac, fut appellé par lui le Julien de son temps; il traita la Reine Stuart, de Médée. En 1560, il fut accusé d'avoir trempé dans la conspiration d'Amboise, & d'avoir sollicité Poltrot, en 1567, de tuer le Duc de Guise; & il essaya de se justifier. En 1571, il présida à un Synode tenu à la Rochelle, & il fut le plus célèbre Ministre Protestant de son temps. Veuf, & déjà avancé en âge, il épousa une jeune personne, qu'il appella sa Sunamite. C'est dans ce tems que Saint François de Salles alla le visiter; mais, quoiqu'il en fut bien reçu, sa démarche fut infructueuse; c'est dans ce temps que le Jésuite Pugo fit courir le bruit que Béze s'étoit converti. (*Voyez* Journal d'Henri IV.) Béze fit pour cela un livre intitulé: *Beza Redivivus*. Après avoir fait plusieurs Ouvrages, il mourut le 23 Octobre, vieux style, ou le 13, nouveaux style, en 1605, âgé de quatre-vingts ans trois mois dix-neuf jours. (*Voyez* Antoine de Faye, Melchior, Adam, Scaliger, Mainbourg.) Si on a parlé de Beze, c'est que Pithou fut lié avec lui comme homme de Lettres.

Michel Servet, Brûlé à Genêve le 27 Octobre 1553, à l'âge de 44 ans, par Arrêt du Sénat, à la sollicitation, de Calvin, pour cause d'Hérésie sur la Trinité, étoit né à Neuva en Arragon, en 1509; il donna dans l'Hérésie d'Arius; il s'étoit fait recevoir Docteur en Médecine à Paris; il avoit acquis des talents dans cette partie: ce n'est pas à lui que nous sommes redevables de la découverte de la circulation du sang, comme quelques-uns le croient, mais au célèbre Harvey, Médecin Anglois, né en 1577, & mort en 1657. Servet ayant professé les Mathématiques à Paris, se retira, en 1540, à Charlieu, près Lyon, où il professa la Médecine; il devint ensuite Prédicant des Anabatistes, tant en France qu'en Allemagne. Arrêté à Vienne en Dauphiné, par les ordres de Calvin, il échappa à sa condamnation; mais il fut repris & exécuté à Genève; ce trait ne fit point d'honneur aux Protestants. On voit dans les Traités Théologiques de Calvin, de 1597, tout le procès de Servet: Grotius nous rapporte les reproches que fit Servet à Calvin : *quis orthodoxum dicat ministrum Ecclesiæ, accusatorem, criminalem & homicidam.* En 1531, les Œuvres de Servet, dont les originaux avoient été brûlés par Calvin, furent réimprimés; on les trouve en Pologne & en Hollande; feu M. de Colbert les a eu. Voyez Sonder, Pratéole, Florimond de Raimond.

On brûloit à Genève, & on brûloit à Paris; Calvin se vengeoit à Genève, & quelques particuliers que nous ne nommons point, se vangeoient à Paris sous le nom du Roi. On se rappelle de la fameuse procession où le Roi François premier assista, & à l'issue de laquelle il harangna le Peuple; de l'assemblée des Etats tenue aux Grands Augustins pour extirper l'hérésie, & où plusieurs Conseillers du Parlement furent inculpés pour avoir opinés qu'on suspendît l'exécution des Edits contre les Protestants. Le Roi Henri II étant mort d'une blessure à un Tournois, François second fit, en vertu du Jugement d'une Commission, pendre & brûler M. du Bourg. Ce trait de cruauté avoit été suggéré au Prince par ceux qui allumoient le fanatisme.

« Malheureuses familles qui viviez alors, peignez-nous » les angoisses que vos ames éprouverent dans des temps si » désastreux! Combien parmi vous n'ont pas été séduites, » & d'autres forcées de lever la hache sur la tête de leurs » parents & de leurs amis! Combien d'autres n'ont embrassés » la Réforme, que parce qu'elles ont cédés à l'enchante» ment funeste de quelques Ministres qui les ont engagés » à suivre le torrent! N'a-t-on pas cherché à vous persua» der que la Religion de vos peres (sous les aupices de » laquelle ils avoient exercés des actes de bienfaisance & de » charité, & qui les avoit portés à l'aller annoncer aux ex» trémités de l'Univers, comme une Religion de paix & » de douceur, ennemie du carnage & des discussions) avoit » été altérée dans ses dogmes & dans sa morale? Et au lieu » de rejetter sur l'ambition & la cupidité de quelques-uns » de ses Ministres le relâchement & le despotisme qui ré» gnoit alors, n'en a-t-on pas osé inculper l'Eglise? Vous

» nous répondrez, sans doute, que ce furent-là des temps » de calamité, dont la Religion fut injustement accusée, & » qu'elle désavoue ».

Tous ces malheurs ne seroient pas arrivés si les Evêques eussent continués de prêcher seuls, à l'exclusion des Prêtres & des Moines, conformément aux Apôtres, qui, au chap. 6. ℣. 1. & 2. des Actes des Apôtres, convoquerent tous les Fideles & leur parlerent ainsi : *non est æquum nos de Relinquere verbum Dei, & ministrare mensis.* Et au ℣. 4. après leur avoir dit de choisir des Diacres (*b*) pour le service des Autels, ils se réservent la priere & la prédication ; *nos vero orationi & ministerio verbi instantes erimus.* Aussi M. l'Avocat-Général Briquet, dans l'affaire de la Théologale de Beauvais, disoit : « Si bien qu'autrefois, pendant plus de quatre » siècles en l'Eglise, il n'étoit pas permis à d'autres » qu'à un Evêque de prêcher ou d'enseigner ; coutume » qui ayant commencée d'être interrompue en Alexandrie, » le premier fruit qui en vint, fut l'hérésie d'Arius, qui, » s'étant émancipé par dessus son pouvoir, troubla toute » l'Eglise, ainsi que remarquent les Auteurs de l'Histoire » Ecclésiastique, &c ».

(25) Antoine Carracioli, Evêque de Troyes, inquiet, turbulant & irrésolu, se fit Protestant ; il sollicita au Consistoire la qualité de Ministre, ce qu'il n'obtint qu'après de longues épreuves ; dès-lors il prêcha la prétendue Réforme dans son Diocèse. Voyez Virdy & N. Pithou. Voyez Desguerrois, Sainteté Chrétienne, pag. 420.

(26) Les François sont originaires de ces restes de l'ancienne Ville de Troyes en Phrygie, qui se retirerent vers la Pannonie, où ils fondèrent une Ville, dite des Sicambres, & où ils habitèrent jusqu'au temps de l'Empereur Valentinien, faisant des incursions sur son Empire. Chassés par cet Empereur, parce qu'ils refusoient de se soumettre, ils se retirerent le long du Rhin, sur les Confins de l'Allemagne : l'Empereur Valentinien n'ayant pu les subjuguer, les appella Francs, c'est-à-dire, peuples féroces ; ils vivoient comme font les Tartares, n'ayant

(*b*) Dans la suite, l'administration du temporel de l'Eglise fut confiée aux Diacres, mais par malheur cela ne dura pas long-tems.

que des Chefs ; ce qui dura jusqu'à ce qu'ils passérent dans les Gaules.

(27) Nicolas Machiavel, né à Florence en 1469, de la famille la plus distinguée de cette République, c'est-à-dire, des anciens Gonfaloniers, & mort en 1527, à l'âge de 58 ans, fut le plus célèbre & le plus dangereux politique de son siècle. Accusé d'avoir trempé dans la Conjuration des Sondernis contre les Médicis, & mis à la question, il se tira d'affaire en tout déniant. Devenu depuis Secrétaire de la République, les Eloges qu'il donna à Brutus & à Cassius, le firent suspecter d'être complice dans la Conjuration contre le Cardinal Julien de Médicis, depuis Pape, sous le nom de Clément VII. Il mourut ensuite misérable, sans Religion, laissant plusieurs enfants ; il fit différents Ouvrages, beaucoup de vers en langue Italienne ; tels que l'Ane d'or, à l'imitation de Lucien & d'Apulé. On a de lui des Comédies & son Belfagor, où regne un génie mordant ; ses Discours sur la premiere décade de Tite-Live, ou ses trois Livres de la République, où il prêche la liberté, selon qu'il la concevoit. Sur la fin de ses jours il composa son Livre du Prince, intitulé : *Del Principe*, un traité de l'Art Militaire, où il a pillé Végéce, la vie de Castruccio-Castrocini, Souverain de Lucques, & enfin l'Histroire de Florence. Ces différents Ouvrages furent imprimés à Venise, en 1530, & on voit dans une Préface, qu'en 1531, il est dit que Clément VII approuva l'Histoire & ses Discours de la Rébublique. Plusieurs Auteurs ont fait l'Eloge de Machiavel ; la majeure partie s'est accordée à en rejetter & condamner presque la totalité de ses œuvres. Que Machiavel ait trouvé des Partisants dans notre siècle, où ses principes sont devenus si familiers, il n'y a rien en cela de surprenant ; sa Politique a corrompu les mœurs, en gâtant l'esprit, en étouffant les sentiments & en répandant l'égoïsme. Ses principes ont pénétrés jadis dans les finances de quelques Etats, & ils ont enfantés des monstres, à la vérité, disparu, qui, en décréditant leurs Maîtres, se sont couvert d'une opprobre éternelle. Machiavel avoit une figure sinistre, sur laquelle on pouvoit lire les sentiments de son cœur ; aussi tout fut en lui assorti à ses principes de Politique. Il est d'expérience que ces grands Politiques, qui ont pour devise ces mots, *tromper & jouer le Public sous l'apparence d'un prétendu intérêt*

d'Etat, finissent, comme le Geai de la Fable, c'est-à-dire, par être bannis & haunis de la Société, qui se transmet leur nom en exécration de leur mémoire. Ces gens trouvent quelquefois des Panégyristes, mais c'est pour l'ordinaire des personnages affamés & de leur trempe, qui sacrifient la vérité à leur interêt.

(28) La dureté du Gourvernement Espagnol avoit forcé les Pays-Bas Hollandois à se confédérer, pour se soustraire à sa domination; ce peuple avoit réuni toutes les forces & toute l'intrépidité que peuvent suggérer l'amour de la liberté, & le désir d'être fondateur d'un nouvel Empire; l'étendard étoit levé & la confédération faite, lorsqu'on voulut user de ménagement; les Espagnols avoient déjà épuisé leurs forces contre cette Nation intrépide, ainsi que nous voyons que les Anglois viennent de le faire contre leurs Colonies d'Amérique, qui, pour des raisons à-peu-près semblables, se sont déclarées indépendantes; tout étoit déjà perdu pour eux dans les Pays-Bas: les Etats d'Hollande offrirent à Henri III, Roi de France, de se mettre sous son obéissance; le Roi refusa de les y recevoir, non pas qu'il n'en eut été bien charmé, mais parce que la Ligue, qui désoloit ses Etats, le mettoit dans l'impuissance d'augmenter son Royaume: c'est, sans contredit, une grande perte pour la France, qui seroit devenu l'entrepôt de l'Univers. Elisabeth, Reine d'Angleterre, fit un traité avec eux, & leur fournit cinq mille Fantassins & mille Cavaliers, sous le Commandement d'un Général Anglois, à condition que, pour lui tenir lieu de caution, pour le remboursement des dépenses de ses troupes, on lui céderoit certaines places. Par son manifeste, elle annonça que l'alliance avec ces nouveaux Peuples, n'étoit pas tant entre leurs personnes, qu'entre leurs Etats réciproques; de sorte, disoit-elle, que sans violer ses traités avec l'Espagne, *elle pouvoit secourir les peuples des Pays-Bas opprimés par les Espagnols*. Henri IV leur refusa du secours pour les mêmes raisons que Henri III. Leycestre, Général Anglois, ayant voulu soumettre la Hollande, fut rappellé, & la Reine le remplaça par le Baron de Willongbi; les Etats nommerent Maurice de Nassau Capitaine Général, & le grand Pensionnaire Barnevelt, qui avoit résisté à Leycestre. Ces Peuples ont fini par être alliés de tout le monde, & ne l'être de personne; par concentrer chez eux le Commerce du Monde; par attirer chez eux

toutes les richesses, & n'en faire part qu'à grand prix; par avoir des Colonies pour leur servir d'entrepôt, & non de places d'agréments : ces avantages sont le fruit de leurs mœurs & de leurs frugalités; mais que n'ont-ils pas à craindre de l'industrie, & du génie des nouveaux Etats d'Amérique, mille fois plus avantagés par la nature. Tyr & Sidon, chercherent toujours à se détruire par l'intérêt du Commerce; Cartage & Rome, par celui de l'ambition de la Souveraineté.

(29) Le Cardinal de Lorraine fut un des plus méchants hommes de son siècle; d'une politique dangereuse, sans un grand génie, il faisoit tourmenter quiconque osoit lui résister; d'une ambition démésurée, sans aucun genre de délicatesse, il auroit voulu posséder toutes les dignités, toutes les charges de l'Etat Ecclésiastique, & à voir sa conduite, on peut juger qu'il auroit voulu être le seul Evêque en France; car il posséda plusieurs Evêchés à la fois, sous le titre de Commende, alors usité, & grand nombre d'Abbayes, & d'autres Bénéfices; ensorte que le patrimoine du Clergé, où chacun n'a droit qu'à un honnête nécessaire, étoit, selon lui, en totalité à celui qui peut l'usurper : il n'a malheureusement que trop d'imitateurs en ce point. Il vouloit, selon l'usage des Ministres Cardinaux, tenir le Souverain comme en tutelle; il fut cause de la plus grande partie des malheurs de la France; il démanda l'Inquisition, afin que ce supplice devint entre ses mains, un prétexte pour faire tout périr impunément; mais il éprouva, ce qui arrive toujours à de pareils personnages, même de leurs vivants, la haine, l'horreur & l'indignation publique. Sa naissance auroit dû le prévenir, contre tant de vices, mais l'ambition avoit corrompu son cœur. Il étoit Oncle de Marie Stuart, femme de François II; la Noblesse & le tiers Etat, tenus dans ses états sous la Régente, ne voulùrent pas souffrir qu'il portât la parole pour le Clergé, vû que la Nation avoit à demander justice contre lui, ayant tout crédit sous Catherine. Il fut, suivant l'usage des Ministres Cardinaux, premier Ministre sous le regne des Enfants d'Henri II, Roi de France.

(30) La Préface de l'Edition de Paul Diacre, où Pithou, pour faire sa cour à Amerbach, favorisoit les Protestants, en joignant, au témoignage d'Anasthase le Bibliothécaire, le prétendu sentiment d'Hincmar de Reims, de Claude de Thurin,

du Continuateur d'Aimoin, & de Nicetas Acominat, pour en conclure la nouveauté des Images en France & en Allemagne, ne fut point mis à l'*Index* par la Congrégation de l'Inquisition, attendu sa conversion arrivée en 1572, qui fut annoncée à Rome au Cardinal Baronius, par le Pere Sirmond. Pithou signa le formulaire d'abjuration, publié en vertu des Lettres-Patentes de Charles IX, du 22 Septembre 1572; Simon Vigor, Curé de Saint Paul à Paris, désigné Archevêque de Narbonne, fit cette Conversion. (C'est pour ne pas nous répéter dans la suite, que nous avons inséré une partie de cette note par anticipation.) Ainsi on peut dire que c'est-là le seul ouvrage qui soit sorti des mains de Pithou, contre les Catholiques, avant sa conversion; mais il n'est pas de Tableaux qui n'aye quelques ombres; & si Pithou à eu tort en ce chef, la multitude des autres Ouvrages qu'il a faits pour l'Eglise & pour l'Etat, doit faire oublier ce moment de foiblesse; nous ne faisons point de difficulté de parler de ce trait, pour qu'on ne nous reproche pas d'avoir omis dans l'Eloge de ce grand homme, ce qui auroit nui à sa mémoire, s'il ne se fut converti dans la suite.

(31) Sans doute que le malheur des temps où vivoit Pithou nous aura privé de la suite de ces Mémoires intéressants, qui sont comme un abrégé historiço-légal de l'Histoire de France, de celle de Champagne, & de nos Loix, qui sont essentiellement liées à l'Histoire de la Nation. La même année vit paroître la Généalogie des Comtes de Champagne. En 1572, il commença à travailler en faveur du Droit Public Ecclésiastique & du Droit de la Nation; il fit alors imprimer un bref Recueil des Evêques de Troyes, qu'il inséra à la suite de son Commentaire sur la Coutume de cette Province, dans l'Edition de 1628 & 1630. Son Histoire des Comtes de Champagne est des plus intéressante; il fait l'étymologie du nom, fixe l'ancienne position des Provinces de Champagne & de Brie, sur leurs différents états, jusqu'aux premiers Comtes; de-là il examine l'origine des Titres de Ducs, Comtes & Viguiers, & comment les Seigneurs qui en étoient revêtus se rendirent indépendants, jusqu'à Louis-le-Bégue: la ville de Troyes ne connût que le Roi, qui y faisoit rendre la Justice en son nom par les Officiers, (sous la seconde Race) appellés *Missi Dominici.* C'est en 950 que commence, sous Louis d'Outremer, l'usurpation des Comtes

en la personne de Robert, qui eût pour opposant l'Evêque Anségise. Avant cette époque les Comtes de Troyes étoient de simples Juges, & des Gourverneurs; tel fut Alderan, sous Charlemagne. Cette dissertation le porte à examiner & à discuter l'origine & les anciens Droits des Avoués des Communautés Ecclésiastiques & Monastiques, des Baillis & des Avocats, appellés dans les anciens Titres *Clamatores*, & dans les vieux livres François *Emparliers* : il parle des Palatins d'Allemagne & du Rhin, d'Italie & de Pologne; des Palatins François, des Palatins Impériaux & Apostoliques, de ceux de Bourgogne & de Lorraine: obligé de vérifier cela par l'Histoire de ces Peuples, il en conclut par conjecture, que le Titre de Palatin avoit été conféré à nos Souverains, par les Empereurs d'Allemagne, dans le temps que les grands Seigneurs de France (*a*), se voyant presque égaux en territoire à leur Roi, ne lui portoient point le respect qu'ils devoient; mais qu'ils se maintenoient en concurrence de grandeur & d'autorité avec lui, tant par leur propre puissance que par le moyen des Alliances & intelligences qu'ils avoient entr'eux & avec leurs voisins. Les Comtes Palatins avoient le Privilege de rendre la justice dans une Cour appellée *Parlement* ou *Grands jours*; ils étoient Pairs. Le Comte de Champagne avoit sept Comtes Pairs. Pithou parle, à cette occasion, de l'origine de la Pairie; il y a joint tout ce qu'a dit Hautberg sur *le Pérage*, *le Frérage*, *le Pariage*, le Parcours & Entrecours: il termine par un Tableau de l'état de la France, depuis Charles-le-Chauve, jusqu'à Hugues Capet: il est le seul qui ait donné des notions claires & lumineuses sur cette matiere. Macquard Fricher, place cet Ouvrage à la tête de ses *Origines Palatinæ*, imprimés en 1613.

(33) Une Lettre de Pithou, du 21 Décembre 1571, qui se trouve tout au long dans sa vie, est le seul & le vrai monument qui nous retrace exactement les horreurs de la S. Barthelemi. Sur l'emplacement de la maison d'un nommé *Gatines*, dans laquelle, trois années auparavant, se faisoit l'exercice de la Religion Protestante, fut élevée une Croix de pierre: la nuit du Mercredi au Jeudi, la Croix fut abbattue, afin de donner le change aux Huguenots. On commit ce

(*a*) Phrase extraite d'un Auteur du milieu du seizieme siecle.

sacrilége perfide, pour pouvoir les égorger dans le moment où ils devoient se croire dans la plus parfaite sécurité. Quelques malheureux commencerent par piller deux ou trois maisons, sans tuer ni blesser personne; le Guet arrêta cette émeute; Montmorenci, invité à venir mettre la paix, répondit, qu'il falloit qu'on fut plus fou ou plus sage. Tout Paris se tint sur ses gardes pour le jour de la fête: les pierres de la Croix furent éparses au cimetiere des Innocents; on en prit les bas-reliefs pour en faire des Images. Les séditieux pris ne furent point exécutés. Scaliger faillit périr à la Saint Barthelemi; échappé, il se retira à Valence, auprès de Cujas, d'où il écrivit une lettre des plus touchantes à Pithou, son ami. « J'ai craint, dit-il, ... que le malheur.... ne vous » eut enlevé à mon amitié. Dépouillé de mes biens.... je » pleure sur mes amis, dont la plus grande partie m'a été » enlevée... le bonheur de vous trouver vivant, me console... » jamais joie n'a égalé la douleur que j'ai ressenti de » tant de pertes, mais la joie que me donne votre conser- » vation..... l'efface. Obligé d'abandonner, de maudire » même une ingrate patrie.... je suis venu en chercher une » autre ici, où le cœur de Cujas m'a donné un port assuré » contre les tempêtes.... j'y ai repassé à la vie, je m'y » proposerai pour but, dans l'étude des Loix, les succès » du docte Pithou ..., adieu, mon cher Pithou ».

(33) Le Roi Charles IX avoit envoyé le Maréchal de Montmorenci en Ambassade à Londres.

(34) Il y a apparence qu'on avoit donné aux meurtriers, une liste des noms, & une adresse de ceux des Bourgeois de Paris, qui passoient pour Protestants; car on ne toucha pas ailleurs; & dans une affaire de cette nature, il auroit été impossible d'agir en même temps, à la même heure, & de ne pas se méprendre, si la politique étrangere n'eut tout dirigé en cantonnant chaque assassin, & en lui désignant les personnes & les maisons: on avoit suivi cette méthode en 1305, lorsque, sous le Régne de Philippe-le-Bel, & sous le Pontificat de Clément V, on se saisit à la même heure des Templiers; on la suivit également en Espagne en 1763 ou 64 contre les Jésuites, & les Portugais se saisirent également au même instant de tous les Jésuites du Paraguai. La Politique Françoise n'est pas si rusée. Dans la nuit de la Saint Barthelemi, périt le célebre Ramus, principal du Collége de

Presse ; qui avoit déchiré & brisé les Images du Collége ; & par Arrêt du 9 Juillet 1562, il avoit été condamné ; le même Arrêt avoit ordonné à tous les Membres de l'Université, de signer le formulaire de Foi, dressé contre Calvin par la Sorbonne, en 1542.

(35) Il est de fait que les Protestants, peut-être excités par le ressentiment, par le zele amer & outre de quelques Ministres, chérirent néanmoins toujours le Roi ; ils demandoient des Temples & la paix ; on leur répondit par des canons, par la trahison & par la perfidie. L'homme de paix avoit été banni de la Cour (le Chancelier de l'Hôpital) (a) ; sa Politique, qui tendoit à refuser ces Temples sans verser de sang, n'avoit pu y être goûtée. Il avoit opposé, à l'exemple des plus sages Politiques de l'Antiquité, les délais à sa précipitation, la patience à la fureur ; mais Catherine & les Guises avoient opinés pour le sang. L'Espagnol fut trompé ; le François égorgé, sans défense, respecta & chérit son Roi ; il soutint le Trône, & la révolte prévue n'ayant point eu lieu, Philippe II reconnoît que l'amour du François pour son Prince, a trompé sa perfidie, & qu'il veut vivre sous l'Empire des Valois. C'est dans cette nuit fatale que Paris, au milieu de sa sécurité, se vit (comme autrefois les Troyens trop crédules aux perfides insinuations de *Sinon*,) en proie à la fureur des armes. Vous croiriez peut-être que des sentiments de Religion & d'humanité auroient dû faire impression sur quelques ames & arracher de dessous le couteau, celui qui, au premier bruit, cherchoit à se sauver ; cette persuasion feroit honneur aux sentiments d'humanité qui doivent se trouver par-tout : mais on vit alors le contraire ; on arrêtoit les malheureux pour les conduire sous le glaive du bourreau ; & ce qu'il y a de plus étonnant, c'est qu'en supposant que la Religion eut été le

(a) Les Auteurs de l'Eloge du Chancelier de l'Hôpital lui attribuent l'Ordonnance de 1579, quoiqu'on sache qu'instruit à Padoue, dans la science des Décrétales, ayant resté peu de temps Conseiller au Parlement, où il n'avoit que du dégoût, il ne pouvoit être en état de faire un Ouvrage si important, qui exige une connoissance approfondie de notre Droit Public ; il n'eût en cela que le mérite qu'ont les Capitaines, de s'approprier la victoire acquise aux dépens du sang des Soldats ; je veux dire, que cette Ordonnance fut le fruit des travaux & des veilles de Pithou, comme on le voit dans le cours de son Eloge.

seul motif de ce sociécide, on auroit dû sçavoir qu'elle défendoit aussi le vol, le brigandage & le viol, & néanmoins tous ces crimes furent commis à la fois.

(36) Il y a eu plusieurs Mithridates sortis de Perse; Mithridate premier se retira en Cappadoce, où il fonda le Royaume du Pont, & évita par-là les fureurs d'Antigonus d'Asie. Le cinquieme Roi du Pont, dit Mithridate II, ou Éverget, fut allié des Romains; il leur fournit des vaisseaux contre les Carthaginois, & il en reçut la Phrygie. Mithridate III, dont ils est ici question, commença à régner l'an 631 de la fondation de Rome. Il vécu soixante-douze ans, après avoir régné soixante ans; il fut le plus grand Prince de son temps; d'un génie ardent, d'un courage intrépide, il tenta d'ébranler la puissance Romaine en Asie, & faillit y réussir. Instruit dans toutes sortes de Sciences, ami des Lettres & des Sçavants, il sçavoit former des projets vastes, & il ne manqua que de Soldats pour les exécuter: il appella à son secours tous les Barbares du Danube, du Tanaïs & du Caucase, même du fond de l'Egypte; il défit les Romains en plusieurs occasions avec deux cents cinquante mille hommes d'infanterie, quarante mille de cavalerie, trois cents vaisseaux & cent barques. Dans un seul jour il fit passer au fil de l'épée, par vengeance, tous les Citoyens Romains d'Asie; s'empara de presque toutes les possessions qu'ils y avoient. L'an 682, il fut défait par Lucullus; s'étant rétabli en 689, Pompée le défit entierement dans la plaine d'Agouru ou d'Ancyre (a); pour

(a) Ces Plaines sont fameuses par la défaite du cruel Bajazet, Empereur Turc, arrivée le 28 Juillet 1402, par Tamerlan ou Timur-Bay, Prince Tartare, aussi courageux que Bajazet. Tamerlan le fit enfermer dans une cage de fer, qui lui servoit d'escabot toutes les fois qu'il montait à cheval; Bajazet prononça lui-même son arrêt en répondant à Tamerlan, que s'il l'eut vaincu, il l'auroit ainsi enfermé. Tamerlan vint au secours des Princes d'Asie, que Bajazet menaçoit de détruire; les Princes d'Europe, attaqués par lui, avoient formé une ligue; Sigismond, Roi de Hongrie faillit être vaincu par Bajazet; Charles VI, Roi de France, avoit envoyé à Sigismond le Duc de Nevers, avec deux mille Gentilhommes, qui, abandonnés par les Hongrois au siége de Nicopolis en Bulgarie, furent tués par Bajazet. Le Duc de Nevers, n'échappa avec quinze autres, que par le moyen de deux mille ducats de Rançon. Bajazet fut le premier Empereur Turc, qui, en montant sur le Trône, fit immoler ses freres. Tamerlan obligea la femme de Bajazet à le servir à table d'une maniere indécente. Bajazet ne put soutenir si long-temps un si triste sort, il mourut peu de temps après.

s'échapper à la pourſuite des ſoldats de Pompée & avoir le temps de ſe retirer chez Tygranne, Roi d'Arménie, ſon gendre, Mithridate, *fit ſemer ſes tréſors le long des chemins*; les ſoldats Romains s'occuperent à les ramaſſer; inſtruit que ſon fils Pharnacès s'étoit fait proclamer Roi, il ſe rétira au Boſphore Cimmerien; il ſe poignarda après avoir tenté inutilement de s'empoiſonner; il avoit compoſé un Traité *de Arcanis Morborum*, que Pompée fit porter à Rome & que Læneus, ſon Affranchi, traduiſit en Latin. Il compoſa le contre-poiſon que nous connoiſſons ſous le nom de *Mithridate*. *Voyez* ſa vie dans *Paterculus*, Aulugelle, Pline, Plutarque, Dion Dupin, &c.

(37) « Voici mon cher frere, lui dit-il, les débris des tréſors » qui m'ont appartenu, ſi toutefois je puis dire avoir rien eu » qui ne fut qu'à moi; les emblleliſſements que j'aurois pu » y ajouter ont ſuivi le ſort du reſte : ils ſont devenus la proie » des gens qui n'en connoiſſent pas le prix. Si vous aviez » le bonheur de les faire repaſſer dans nos mains, par l'uſage » que nous en pourrions faire, la poſtérité apprendroit à » quels titres nous avons mérité l'amitié de Cujas. Dans » l'impuiſſance où nous nous trouvons, par le malheur de » notre ſiécle, de remplir nos vues pour le bien public, » laiſſons-lui au moins, quoique ſous de malheureux auſpices, » un monument de nos bonnes intentions; il le trouvera dans » cet Ouvrage, que je confie au meilleur de mes amis, en » le priant de le faire paroître dès que la mort que j'attend, » ſous quelque forme qu'elle ſe préſente, aura terminé ma » carriére. Dois-je me repentir de ces nobles ſentiments, » dans un ſiècle dont l'inhumanité ſemble avoir éteint & » proſcrit les ſentiments même de la nature ? non : je veux » braver ſon ingratitude, & la braverai même à l'avenir par de » meilleurs Ouvrages, ſi Dieu, à la puiſſance duquel rien » ne réſiſte, veut, contre toute eſpérance, m'arracher aux » horreurs de la mort. Pour vous, mon cher frere, jouiſſez » de ce dernier préſent de votre frère, partagez ce dépôt » avec le Public, ſi vous croyez que votre conſcience vous y » oblige à mon égard, une prompte mort eſt le ſort le plus » heureux que je puiſſe attendre. Si Dieu en a ainſi ordonné, » je ſuis prêt à la recevoir; j'offre à mon Roi, j'offre à ma » Patrie un ſang innocent qu'il leur reſte encore à répandre. » Vivez, ſouvenez-vous de moi, mon cher frere, & s'il peut

» encore me rester quelque espérance, soutenez-là de vos » conseils, de votre crédit, de celui de vos amis: la volonté » de Dieu n'exclue ni les consolations, ni les secours des » hommes.

Il adresse ensuite la parole à ses Livres perdus & pillés.

Et perii per vos, & vos periistis, amores :
Una salus nobis, una ruina fuit.
Si quâ tamen vitæ spes est, hoc deprecor unum
Vivite apud gratos, gratus ego inteream.

(38) Voyez dans une des notes suivantes, la piéce de vers qu'il fit en son honneur. Pithou étoit alors Protestant. Son frere François s'étoit retiré à Bâle ; Pierre Pithou, aux approches de la S. Barthelemi, dans le temps de la pacification apparente, lui avoit fait connoître son desir de rentrer dans le sein de l'Eglise Romaine, comme on le voit dans sa lettre du 21 Décembre 1571, où il lui parle de la démolition de la Croix au cimetiere des Innocents.

(39) La qualité de Secrétaire d'Ambassade, que refusa Pithou, lui auroit fait honneur. Charles IX députa Paul de Foi, Archevêque de Toulouse, connu par son mérite auprès des Souverains d'Allemagne & d'Italie, pour les remercier de la part qu'ils avoient pris à l'élévation du Duc d'Anjou sur le Trône de Pologne. Ce Prélat, éleve de *Cujas*, Conseiller au Parlement de Paris, sachant, à tous ces titres, discerner les talents & le mérite, proposa à Pithou la qualité de Secrétaire d'Ambassade ; pour l'y déterminer plus sûrement, il lui offrit une charge de Conseiller au Grand Conseil. Si quelque chose eut pu engager Pithou à accepter, c'eut été, outre le mérite de M. de Foi, la société de M. de Thou, & de plusieurs autres Savants, que cet Ambassadeur avoit réunis. Cujas, digne de la confiance de ce Prélat, sur le refus de Pithou, lui procura Arnaud d'Ossat, depuis Cardinal, homme d'un rare mérite, comme furent tous les Eleves de Cujas. L'hôpital de Tonnerre fournit différents monuments de la piété de Pithou. Il fit de sages réglements que Loysel nous a conservé.

(40) « Plût à Dieu, lui dit Juste-Lipse, dans une de » ses lettres, que je fusse moins éloigné des bords de la » Seine, qui ont le bonheur de vous posséder ; j'ai été dé-

» cidé par la lecture de vos Ouvrages, qui annoncent un » esprit délicat, orné, nourri des plus rares connoissances. » Que pensez-vous de ce passage de Spartien? »

Et dans une autre lettre, il dit: « Vous considérant al» ternativement, votre frere & vous, je suis saisi de la » même admiration que l'Achille d'Euripide, lorsqu'il s'é» crie: oui, vous faites le bonheur de votre frere, & » votre frere fait le vôtre. Vos lumieres & vos vertus font » une gloire commune; le choix plutôt que la naissance » semble vous avoir donné l'un à l'autre pour freres. » Précieuse union! heureux accord »!

(41) Le Mémoire que Pithou envoye à son frere sur la composition de cet Ouvrage, sur ce qu'on doit y insérer, est des plus instructifs, & il est d'autant plus curieux, qu'il fût composé à Troyes, à l'époque où Pithou étoit privé de sa Bibliothéque, à cause du pillage de la S. Barthelemi. On y remarque par-tout cet esprit de netteté & de justesse qui le distingue.

(42) Son frere François s'est cru obligé d'en faire mention dans son Epitaphe.

(43) Voici, 1°. son Discours sur l'état du Barreau de son siecle. 2°. Un extrait de l'affaire importante, où il porta la parole à Agen, en qualité d'Avocat Général.

« Le degré de perfection où les Anciens sont parve» nu, semble nous reprocher notre lâcheté: non con» tents de ne pas suivre leurs traces, nous voulons les lais» ser effacer. Pour moi, quoique naturellement plus jaloux » de *penser sensément*, que de bien parler, je voudrois que » nos jeunes gens reprissent l'ancien exercice de la dé» clamation, suivant les regles prescrites par les grands » Maîtres de l'antiquité, c'est-à-dire, en se proposant » toujours la vérité pour but: en ne sacrifiant jamais le » brillant au solide, en regardant cet exercice comme » une préparation à de vrais combats, comme une carriere » qu'il faut parcourir le plus légérement qu'il est possible, » pour arriver plus promptement au but, je desirerois » encore que l'on n'apportât point au Barreau *des études* » *à peine digérées*, & que l'on inspirât, dès l'enfance, à » ceux que l'on y destine, la connoissance des grands » principes de la Jurisprudence. Ces principes devenant » la base des exercices de la jeunesse, l'éloquence à la» quelle

» quelle on la formeroit, ne seroit plus un vain étalage de » mots & de paroles, abus contre lequel les anciens ont » fortement réclamés ; il faudroit également travailler *sur* » *les parents*, modérer la vivacité de leurs desirs pour » l'avancement de leurs enfants, leur bien persuader que » la considération dans tous les états étant le fruit du travail » & du mérite, on ne l'acquiert pas en parlant de bonne » heure, mais en parlant bien. Aujourd'hui sans respect, » ni pour le public, ni pour la dignité de l'état qu'ils » embrassent, les jeunes gens, à peine sortis de la pous- » siere des classes, n'apportent au Barreau que des ridicu- » les ; ils veulent apprendre leur profession aux dépends de » leur profession même ; ils vieilliront ensuite esclaves de » leurs faux principes ; de-là cet aboyement continuel dont » retentit le Palais ; de-là la disette d'Orateurs dans une » foule innombrable d'Avocats ; tout le monde crie sans » fin ; *presque personne ne parle.* Cependant plus on est » éloquent, moins on abonde en paroles ; moins on est » éloquent, plus on est prolixe. Semblable à la science » du Droit, qui tranche en peu de mots toutes les diffi- » cultés, tandis qu'on les voit s'entasser sous la plume de » ceux qui ne possédent pas cette science ; la véritable » éloquence s'annonce par la précision, par la clarté, par » la simplicité : un Discours paroissoit aux anciens un chef- » d'œuvre de l'art, *lorsque parmi ceux qui l'entendoient* » *il n'étoit personne qui ne se crut en état d'en dire au-* » *tant* (a). Mais mon devoir, continue-t-il, n'est point de » m'ériger en Censeur, ni de faire la satyre de mon sie- » cle ; je n'en dirai pas davantage ; je consens même que » l'on me soupçonne d'être complice, fauteur & participant » des abus que je viens d'exposer ; au moins en aurai-je » assez dit, pour que l'on ne puisse me convaincre de con- » nivence, assez pour faire sentir la nécessité d'une réfor- » me, au moins pour l'avenir. Le livre que je présente au » public, y pourra servir de préliminaire : je vous le dédie, » Monseigneur, (M. de Thou, Premier Président du » Parlement,) comme au Chef de l'auguste Sénat dont le » Barreau recueillera les prémiers fruits de la réforme que » je propose ; non par une augmentation d'honoraires & » de vils émoluments, mais en rompant les entraves que

(a) C'est ce qu'on peut appliquer à un Orateur de ce Barreau.

» les Esprits se sont donnés, en ramenant parmi nous le » goût de la saine antiquité, en présentant aux Avocats » de nouvelles lumieres sur le plus brillant exercice de leur » profession ; enfin, en les mettant en état de mieux sentir » ce plaisir si pur que l'on goûte en servant ses amis, le pu- » blic & l'humanité, plaisir qui est la volupté suprême des bel- » les ames, plaisir qui semble nous rapprocher de la Divinité.

2°. Voici l'espece dans laquelle Pithou, comme Avocat Général, porta la parole à Agen le 26 Mai 1583.

« La tutelle d'une Fille unique avoit été déférée par le tes- » tament du pere à la grand mere parternelle de cet enfant, » par le pere qui étoit Gentilhomme Agenois. La mere de » l'enfant prétendit que la tutelle lui appartenoit de droit ; » elle invoquoit en sa faveur la nature & la Loi ; mais l'aïeule » avoit pour elle la volonté du pere, qui en Pays de Droit » Ecrit, peut donner la tutelle de ses enfants, à qui il juge à » propos. Pithou, pour donner satisfaction aux deux meres » sans blesser la Loi, requit que la tutelle & gestion des » biens fut déférée à l'aïeule, conformément au testament, & » que la mere fut chargée de la garde, de la nourriture » & de l'éducation de l'enfant ».

« Par-là, dit Pithou (dans son Plaidoyer) se rendra à l'une » & à l'autre son droit naturel ; & toutes deux ensemble, réunis- » sant leurs affections en cette petite fille, qui leur est en » commun un reste précieux, à l'une de son mari, & à » l'autre de son fils, elles lui montreront à l'envi, les effets » de cette tendresse qui les a jettées dans ce procès, dont » la continuation ne pourroit tourner qu'au désavantage, & à » la perte de ce qu'elles disent avoir de plus cher au monde ».

Ainsi on voit que l'éloquence de Pithou étoit simple, & précise, appuyée de la Loi, sans surcharge, ne respirant de toute part que l'équité ; son cœur ne connût jamais d'autre Loi. *Voyez* Thuan. Hist. lib. 74. *Voyez* les Mémoires de Loisel.

Pithou ne fut point récompensé pour avoir rendu la justice pendant près de trois ans. *Voyez* Loisel.

(44) La famille de MM. Seguier est des plus ancienne dans la Magistrature, & suivant les apparences, elle a fait briller son génie & ses talents dès l'origine du Parlement rendu sédentaire, en 1305 ; car on voit qu'en 1554, il y avoit un célebre Avocat Général appellé Seguier, un Président sous Henri III, & peu de temps après un autre qui fut Chancelier ; sous Henri IV, il y avoit un Louis Seguier,

Doyen de Notre-Dame à Paris, qui fut envoyé à Rome, avec deux autres Commissaires pour obtenir l'absolution d'Henri IV ; la Cour de Rome les reçu très-bien ; ils repartirent sur le champ sans rien obtenir ; & ils firent très-bien, car dès le lendemain matin on les fit chercher par toute la Ville, pour les saisir & les enfermer. Tous nos livres rendent hommages aux vertus & au mérite de cette famille, & on n'y trouve aucune espece de nuage, mais par-tout l'éclat le plus brillant & le plus solide ; cette famille a cela de particulier que le génie & les talents y sont communicables & héréditaires, famille précieuse à l'Etat, & qu'il ne sauroit assez honorer ; on en voit bien dans lesquels il y a eu de grands hommes, mais il semble que la nature épuisée a voulu se reposer pendant des siecles pour nous transmettre sans discontinuation, des hommes aussi dignes de la reconnoissance de la Patrie, que MM. Seguier. Tous les jours nous admirons l'original lorsque nous pensons à un grand homme, nous ne pouvons détourner nos yeux de dessus pour les porter sur la copie, qui très-souvent n'emprunte son éclat que de lui ; mais ici nous admirons avec un égal plaisir les originaux & la copie ; & nos cœurs se sentent émus de ce noble enthousiasme qu'excitent ordinainairement le respect & la vénération qu'on a pour les grands Hommes.

Rome, sous les Tarquins, donna un Brutus, qui la sauva de la tyrannie ; mais il fallut des siecles pour qu'elle en enfanta un autre sous César, qui, avec un égal mérite, la sauva pareillement. La mémoire des grands Hommes est un tableau perpétuel, exposé à la vue du public, pour l'animer à la vertu. Il est des Etats où il est d'usage d'honorer ces grands modeles dans leur postérité, qui ne brille souvent que de leur éclat, qu'elle emprunte. Mais que ne doivent-ils pas faire, lorsqu'elle brille encore par sa propre lumiere, & que semblable à un beau soleil, elle éblouit même les aigles qui osent la fixer. Nous avons le bonheur de posséder dans le premier Tribunal de la Nation, un de ces illustres rejettons de MM. Seguier, M. *l'Avocat Général Seguier* ; connu par toute l'Europe & au-delà, par son génie, ses talents, ses lumieres & son expérience consommée ; nous le prions de nous pardonner, si nous prenons la liberté de transmettre au public les sentiments que notre ame a corçu, vant pour sa famille, que pour sa personne ; nous ne faisons en cela que nous réunir au public. (*a*)

(45) Sur ses talens pour le Barreau. *Voyez* la Note 43, ci-dessus.

(46) « Si on nous eut récompensé, dit Loisel (Dialogue » des Avocats, troisieme Conférence) nous nous fussions peut» être aliénés, pendant les troubles de la Ligue, à cause de » quelque office qui nous eut obligé de sortir d'ici».

La réception du Concile de Trente fut un des principaux motifs de la Ligue. Les instructions données par le Conseil général de l'union à ses Députés auprès du Pape, le 25 Mai 1589, portoient, art. 23. « Qu'ils donneroient toute assu» rance à sa Sainteté de la publication du Concile de Trente, » sans aucune restriction, selon qu'ils l'ont requis aux Etats » de Blois, & l'eussent obtenus d'un plein consentement, » sans les traverses que le tyran (Henri III) y apportoit, » par l'intervention de ses Officiers, *sous prétexte des liber» tés de l'Eglise Gallicane* : voulant entretenir des confu» sions & des désordres dans l'Eglise & la dissipation des » Bénéfices ».

Cet article se lie très-bien avec le Bref de 1581, avec tout ce qui s'est passé en France pour la réception de ce Concile, tant que la Ligue a subsisté.

(47) Nous avons vu que Grotius, premierement Avocat, & ensuite Publiciste, fut dans le dix-septieme siecle le plus célèbre & le plus entendu de tous les Ambassadeurs, tellement que le Cardinal de Richelieu redoutoit ses lumieres & sa capacité : Louis XIII prenoit beaucoup de plaisir à l'entendre traiter les affaires de la Cour de Suéde, dont la Reine Christine l'avoit chargé.

(*a*) Chaque nation a son opinion sur le mérite des grands hommes. En Angleterre on ne connoît que le mérite personnel, on n'attribue point la vertu ni le vice à tel ou tel individu, selon la conduite de ses ayeux ou de ses parents ; il faut que ces bonnes ou mauvaises qualités soient réellement inhérentes en sa personne pour fixer l'opinion publique : le préjugé François est tout différent, on y joue un beau ou un vilain rôle, souvent même sans mérite ou sans défaut personnel, suivant que ses ayeux ou ses collatéraux ont marchés sur les traces de la vertu ou du vice. Telle est la foiblesse de l'opinion des hommes.

(48) Cette Consultation fut imprimée à Florence en 1587, sous le titre de *Consultatio de confiscatione Bonorum in causa perduellionis*. 20 pag. in-4°. Voyez le Recueil de l'Abbé.

(49) *Petrum Pitæum*, dit Hotman, *tum ingenio, tum etiam doctrina excellentem, ego, vel solum, vel si volet, unâ cum Francisco fratre pari ingenii elegantiâ prædito judicem fero*.

(50) Il est composé de ceux de Vincent de Lérins, de Phœbadius d'Agens, & de plusieurs Traités des anciens Docteurs jusqu'alors inconnu.

(51) Nous allons mettre la Traduction de cette Piece en François, à la suite, afin que ceux qui n'entendent pas la langue Latine puissent lire un si beau morceau.

« Quamquam ea conditio morbi, seriesque malorum est
» Ut jam rara bonis spes sit vel nulla salutis;
» Nec Medicas res ferre manus, nec vulnera possunt:
» Sola quæ vix superest tantis constantia damnis....
» Ecquid non miserum campanis vidimus oris?
» Quid non triste fame ac morbis, bellique ruinis,
» Quæque alia in miseros est ausa licentia cives,
» Militis, aut sævi potius latronis & hostis!
» Heu! quantas nuper patriæ intulit advena clades;
» Advena civili qui semper sanguine crevit:
» Advena jam toties nostro quoque sanguine pastus?
» Nos tamen his frustra juvet exonerasse quærelis:
» Nostra heu, nostra manus, quæ ferrum in viscera matris
» Strinxit, & externos illi & sibi quæsiit hostes.
» Ingemuere illi miseræ: nos patria siccis
» Funera luminibus læti spectavimus: imò
» Duximus, & nostrum Risum extera præfixa planxit.
» Exclamare licet: scelerata atque impia facta
» Religio peperit! quamquam quonam ore vocari
» Religio illa queat tantorum causa malorum?
» Sed sceleri obtendunt altaria: legibus illo
» Si pario illudunt: fiunt hæc jam omnia mimo,
» Et sibi quisque Deos avido certamine fingit.
» Vah! quæ frons nostras divis imponere mores,
» Et cœlum stigio splendens obducere cœno?
» Quin potiùs si vera placent, & vera fatemur,
» Nullum numen haber, perituraque Gallia primùm

» perdidit ipsa Deos; vindictæque acta furore
» Omnia tuta timens, dubiis confisa, sibique
» Facta sui merces mansit sine vindice præda
» Ah! patria infelix! quæ te dementia cœpit!
» Galle, quid insanis, furiosa mente, malignus
» Ipse tibi rabido lacerans præcordia morsu ?....
» Scilicet hoc superis jus est., quos perdere tandem
» Decrerint, horum mentes erroribus implent,
» Nec rectum spectare sinunt : faciuntque nocentes
» Ut merito periisse suo videantur abundè.
» Adde quòd imperiis sua sunt innata venena,
» Queis æterna diu tandem mortalia parent.....
» At nedum cœlum ruit, & quantumlibet ægro
» Spes superest, dum spirat adhuc animamque micante
» Corde trahit : medicas sed & ipsa cadavera dextra ?
» Sæpe experta, diu designatoris avari
» Fraudarunt pannos, & ves pillone remisso
» Injecere moras libitinæ questibus atræ,
» Non nunquam in tabula lusit quoque naufragus udâ :
» Et nobis igitur liceat sperare, tibique,
» Auguste, hos animos addat Deus, ut neque fluctus,
» Nec venti rabiem, tempestatesque ruentes,
» Aut passim moto metuas monstra obvia ponto :
» Sed rectum teneas cursum : & si flectere cogit
» Vis suprema, tamen superes, neque longius erres,
» Usque vel obliquo respectans tramite portum :
» Idem Eadem præstet reliquis qui publica tractant.
» Me quia privatum leviori fortuna reliquit,
» Ingenuis contenta animis & pectore honesto :
» Interea dùm vos meliori sorte valentes,
» Vix regitis navem, & servandæ incumbitis uni;
» Dùmque alius laxat funes, aliusque natantem
» Senti nam exhaurit, magno hic molimine mithram,
» Oblaqueat, clavum ille tenet : me fundus habebit
» Vectorem, de communi vestrâque salute
» Sollicitum, divis facientem vota, precesque,
» Quorum nec serò damnabor : cætera mentis
» Securum, vestrâ curâ dùm detonet, aut dùm
» Tempestas fati peragat mandata furentis.

Traduction de la Piece précédente.

« Notre état n'admet plus ni espérance ni ressource ; nos » plaies envenimées ne *peuvent souffrir les remedes* : heu- » reux s'il nous restoit au moins une fermeté proportionnée » à la grandeur de nos maux.... Quel affreux spectacle la » France n'offre-t-elle pas à nos yeux ! Les miens ont été » témoins de ce qu'a souffert la Champagne, ma malheu- » reuse patrie. La famine, la peste, la guerre y ont épuisés » leurs fureurs. Ses Habitants ont éprouvés tout ce que » peut, & tout ce qu'ose la barbare licence des voleurs & » des brigands attroupés & armés en guerre. Telles sont ces » troupes étrangeres dont nous sommes la proie, & qui » s'enrichissent sans cesse de nos pertes en se repaissant de » notre sang. Mais pourquoi rejetter sur ces étrangers des » maux qui sont notre ouvrage ! C'est notre main, oui, c'est » notre main qui a enfoncé le poignard dans le sein de » notre mere ! c'est nous qui avons appellés & armés les » Etrangers contre elle & contre nous-même ! ils ont gémis » sur ses maux ; ses funérailles auxquelles nous courions » comme à une fête, ont attendri leurs cœurs : il semble » que nous les ayons mandés & payés pour venir pleurer le » sujet de notre joie.

» Un tel renversement, tant d'horreurs, ne sont l'ouvrage » de la Religion, qu'aux yeux de ceux qui ne la connoissent » pas : le crime s'est fait un rempart des Autels ; il se joue » des loix sous le nom de la Religion, il ose tout sous ce » masque, & les passions sont les Dieux auxquels chacun » s'empresse de sacrifier. Mais envain nous flatons-nous de » diviniser notre scélératesse : envain prétendons-nous lui » donner le Ciel pour complice : disons la vérité, la France » n'a plus de Dieu ; le pas qu'elle a fait pour s'éloigner de » lui a été le premier pas vers sa ruine : il l'a abandonnée » sans secours, à elle-même, à ses craintes, à ses injustes » défiances, à ses vaines espérances, à sa folle présomption, » à ses propres fureurs. O France ! ô ma patrie ! dans quel » abîme ton aveuglement t'a-t-il précipité ? Le François » malade, insensé, furieux, se lassera-t-il enfin de tourner » sa rage contre lui-même & de déchirer ses propres en- » trailles ?.... L'erreur est l'avant-coureur certain de la » décadence & de la ruine des Empires, dont la destruction

» est résolue dans les décrets éternels. Bientôt ils perdent » de vue la vérité, la droiture & la justice ; enfin se précipitant eux-mêmes dans l'abîme qu'ils ont creusés par » leur crime, ils justifient la conduite de Dieu sur eux : ou » peut-être les Empires portent-ils en eux-mêmes, comme » toutes les choses d'ici bas, des principes de destruction, » qui agissent avec d'autant plus de force, qu'ils ont été plus » long-temps sans action ; mais le Ciel n'a peut-être pas » résolu notre entiere destruction : tant qu'un malade respire » encore, son état n'est point désespéré. Des morts même » rappellés à la vie, ont quelquefois trompés l'espérance de » l'avide cohue qui s'empressoit à leur rendre les derniers » devoirs : après le naufrage, une planche arrache souvent » le nautonnier des bras de la mort. Espérons donc encore ; » que Dieu, sage de Thou, vous donne le courage de » mépriser le courroux des flots, la rage des vents, la fureur » des tempêtes & les monstres qui infestent la mer orageuse » sur laquelle vous allez gouverner. Que rien ne vous dé- » tourne du droit chemin, & si cédant à la tourmente vous » êtes obligé de louvoyer, ne vous écartez que le moins qu'il » sera possible de la route qui conduit au port; ne la perdez » jamais de vue : que le Ciel inspire la même fermeté à » tous ceux que la fortune a placés au timon de l'Etat. Ne » trouvant en moi que des vues droites & de bonnes inten- » tions, elle ne m'a point envié le bonheur d'une condi- » tion privée. Tandis que chacun a votre poste, vous donnez » tous vos soins, vous employez toutes vos forces, vous » déployez toutes les ressources de l'art pour éviter le nau- » frage. Simple passager, réfugié au fond de la cale, sans » inquiétude sur moi-même, également disposé, soit à jouir » du retour du calme, si vous nous mettez en état d'en pro- » fiter, soit à périr au milieu de la tempête, si le destin » cruel veut épuiser sur nous ses fureurs, *le salut public est* » *l'unique objet de mes prieres*, & des vœux les plus purs » & les plus désintéressés.

(52) Après la mort de Pierre Pithou, la majeure partie de sa bibliotheque passa à son frere François, sur-tout les Manuscrits. A la mort de François, pareillement Avocat célebre pour la partie du Droit Public de la Nation, on mit le scellés sur ses papiers, par ordre du Roi, sous prétexte qu'il lui étoit, dit-on, resté entre les mains des titres tirés de

la Chambre des Comptes & du trésor des Chartres, pour travailler à régler les limites de la France & des Pays-Bas. Pierre Dupuy, Commissaire en vertu d'Arrêt du Conseil, feuilleta tout, emmena tout à Paris, & en fit répondre par Monsieur le Procureur-Général; il s'appropria & mit sous son nom, ces preuves que Pithou, dans la Dedicace des Libertés à Henri IV, disoit s'être réservés en cas de besoin, que Loisel dit être faites du vivant de Pithou, & n'avoir besoin que de quelque notes, & que Boivin attribue à Mrs. Pithou: Mrs. Dupuy les firent imprimer sous leurs noms en 1639 & 1652, & s'en attribuerent la gloire, ainsi que plusieurs autres Ouvrages de Mrs. Pithou, dont on a trouve les Manuscrits chez M. Le Pelletier, sur lesquelles étoient les nottes de la main de M. Pithou. (*Voyez* les Auteurs de la vie de Mrs. Pithou, & vous serez parfaitement convaincu du plagiat.) On reconnoît par-là que de tout temps il y a eu des gens peu délicats, comme il y en a eu du temps de Virgile, qui ont voulu se parer des plumes des autres; le mépris est toute la récompense qu'on leur doit.

(53) *Voyez* les Auteurs de la vie de Pithou.

(54) « Ces illustres freres, disoit le fameux Jerôme Bignon, » sont deux flambeaux dont la lumiere éclaire toutes les » Sciences; l'aîné est le Coriphé des Sçavants & le pere des » Lettres, &c. La République des Lettres, disoit Jerôme » Alexandre, doit au Sçavant Pierre Pithou, toute la recon- » noissance qu'exigent les services les plus nombreux, & les » plus importants, &c. La France, dit Casaubon, a dans » M. Pithou une lumiere dont l'éclat ne s'affoiblira jamais: » à peine trouveroit-on dans toute l'antiquité, quelqu'un » qui put entrer avec lui en comparaison de mérite..... » Si les muses n'ont pas encore abandonnés l'Europe, c'est » lui qui partage avec un petit nombre de Gens de mérite, » la gloire de les y retenir, &c.

» Lucilius redoutoit (dit en 1595 Casaubon à M. de » Thou) le Jugement de Persius sur les Poësies: j'ai la » même frayeur pour mes Ouvrages, quand je pense qu'ils » vont passer sous les yeux des Scaliger, des le Febvre & » des *Pithou* ».

Je vous prie, dit-il à Bougars, de briguer pour eux la protection de M. Pithou; s'ils peuvent la mériter, il n'est point de Souverain dont j'envie la fortune.

Dans une Lettre de Casaubon à Pithou, par laquelle il l'exhorte à faire imprimer tous ses manuscrits: qui sont autant de trésors pour le Public; il lui dit : » Comblez les desirs & » les espérances de tous les hommes qui vous sont unis dans » l'amour & dans la recherche de la verité ; vous y êtes » d'autant plus obligé, que vous voyez la hardiesse avec » laquelle des mains infidelles s'emparent des matieres sur » lesquelles l'univers chrétien semble vous avoir attribué un » privilege exclusif ».

En 1595, le docte Fréderic Sylburge, dédie à Pithou un Recueil de différents morceaux avec des notes Sçavantes sur le Mahométisme. « Nous vous devons, lui dit-il, ce » témoignage public de reconnoissance pour les secours sans » nombre que vous vous empressez de nous procurer dans » tous les genres de Littérature. Les morceaux qui forment » ce Recueil ne peuvent déplaire à deux hommes qui n'ont » point d'égaux dans l'étude & dans la connoissance de l'an- » tiquité.

(55) Les grands Princes se sont toujours attachés à confier l'éducation de leur famille à des hommes dignes par leurs talents éminents en tout genre, de s'acquitter d'un devoir si honorable, & dont ils sont comptables en quelque sorte envers le Public. Philippe de Macédoine crut ne pouvoir développer les vastes idées d'Alexandre, qu'en confiant son éducation au grand Aristote. L'Empereur Julien l'Apostat fut l'éleve de Porphire; si par malheur il hérita de sa haine pour le Christianisme, c'est un effet de la corruption de son cœur, puisque Origene en avoit reçu les mêmes leçons. L'ame des Princes devant planer sur toutes les autres, ont besoin d'une éducation extraordinaire qui les instruise, & de ce que tout le monde sçait, & de ce qu'ils doivent sçavoir de plus que les autres; elle est à l'instar d'une plante qui croît, se fortifie & surpasse d'autant plus les autres, qu'elle reçoit un meilleur suc d'une maniere plus ordonnée, mieux apprêtée & plus méthodique : l'Histoire nous apprend qu'un Prince ainsi formé fut toujours grand, personnifié en quelque sorte avec son Educateur, il en reçoit une influence d'autant plus grande, qu'elle se trouve accompagnée de l'activité, de la jeunesse de son génie & des facilités qui lui fournissent l'occasion de concevoir, développer & exécuter les plus vastes plans : jamais un grand Prince ne fut élevé par un

ſoi, mais la difficulté eſt de trouver ces ſortes d'Educateurs, qui joignent aux talents, & au génie, l'amour de la patrie & le déſintéreſſement perſonnel. Henri IV ſçut faire ce choix dans la perſonne de le Febvre, qui réuniſſoit dans un enſemble tout ce qui convient à un Prince, la vertu, l'honnêteté la plus parfaite, l'amour patriotique, celui du travail, la connoiſſance des Sciences, des Lettres & de la Juriſprudence, & le tout d'une maniere éminente.

(56) Les Réglements de diſcipline inſérés dans l'Ordonnance de Blois, ſont un enfant de ces premieres libertés, dont le Roi eſt le Garde & le Protecteur. « De l'aveu » même de ceux qui s'efforçant de blâmer ſes actions aux » yeux du Pape, veulent, dit Pithou, altérer l'intelligence » qui régne entre la France & le Saint Siége, & qui, Dieu » aidant, s'entretiendra juſqu'à la conſommation de ce ſié- » cle; malheur, dit-il, à celui qui le premier tâchera de » rompre cette paroi ».

Venant enſuite aux articles 2. 6. 14. 21. 27. 40 & 41, (de cette Ordonnance) dont ſe plaignoit le Pape, Pithou les diſcute avec toute la profondeur d'un excellent Juriſconſulte, & avec le zèle d'un arbitre le plus impartial, & le plus pacifique. Il fait connoître la ſolidité des raiſons qui empêchent que la Nation Françoiſe reçoive le Concile de Trente. Puis exaltant ſon zèle patriotique, il ajoute: « Que » les plaintes qui ont attirés le Bref du Pape, venoient ou » de gens peu au fait des droits de la Couronne de Fran- » ce, des Libertés de ſon Egliſe & des droits de la Nation, » ou de perſonnes qui ont intérêt ou deſſein de réveiller de » vieilles querelles & d'en ſuſciter de nouvelles; envieuſes » du peu de repos que Dieu a donné à la France, qu'il for- » tifiera & que le Pape ſoutiendra par tous bons moyens, » juſqu'au temps de la moiſſon, que l'ivraye puiſſe ſe ſéparer » du bon grain, & ſans dangers pour l'un & pour l'autre » des deuxétats, &c.

(57) » Ces Capitulaires encore confondus avec les dé- » combres ſous leſquelles ils ſont depuis ſi long-temps en- » ſevelis, renferment la ſource & les premiers fondements » de notre droit. Dans des ſiècles plus heureux, nos deſ- » cendants pourront s'y convaincre que l'Empire François » eſt le plus ancien, le plus illuſtre de tous les Empires » modernes; que le droit actuel de toutes les Nations eſt

» une émanation de nos Loix ; enfin qu'il n'est aucun peu-
» ple dans les Loix duquel l'équité, la sagesse, la prévoyance
» brillent avec autant d'éclat que dans les nôtres : mais j'ose
» ajouter à votre Majesté, que les Loix sont des oracles
» muets qui attendent la parole, la force & la vie de ceux
» qui doivent les faire exécuter ; & que les anciens sages
» appelloient les Loix vivantes. *Le plus grand miracle de
» la Providence de Dieu sur les Princes*, *est d'avoir atta-
» ché leur sécurité à la fidélité de leurs Officiers, & à
» l'affection de leurs Peuples*, *fidélité* qui ne leur manque
» jamais, *affection* dont ils sont toujours sûrs tant que la
» vertu écarte de leurs législations les passions & les vues
» particulieres.

» Elevé dès l'enfance au milieu des plus grandes affaires
» de l'Etat, l'expérience vous a éclairé sur ses véritables
» intérêts. Je finis, *ô mon Roi!* en priant de toute mon
» ame ce Souverain Maître des Rois & des Empires qui
» vous a appellé par le droit du sang au Gouvernement du
» plus ancien, du plus illustre, du plus glorieux de tous
» les Etats, de vous y conduire, de vous y soutenir par son
» esprit, par cet esprit de force qui affermit les Couronnes ».

(58) La Cour de Rome pour tirer vengeance du refus de recevoir le Concile de Trente, avoit excité la Ligue ; les Guises étoient extrêmement puissants & faux esclaves de cette Cour : on fit alors ce quatrain :

» Le Roi François ne faillit point
» Quand il prédit que ceux de Guise
» Mettroient ses enfants en pourpoint
» Et tous ses Sujets en chemise.

On attribua faussement ce quatrain à Charles IX : ce Roi, né en 1550, n'avoit que douze ans lorsqu'il parut imprimé en 1562, avec ce qui s'étoit passé depuis la mort d'Henri II. Pithou ne cherchoit qu'à inspirer la paix aux Citoyens : « Périssent à jamais, dit-il, (dans le Recueil des Actes, Déclarations & Arrêts, de ce qui s'étoit passé sous les regnes de Charles VI, Charles VII, Louis V, Charles VIII, Louis XII & Henri II, entre la France & la Cour de Rome, relativement à leurs démêlés ; Recueil fait par ordre d'Henri IV) » ceux qui veulent nous désunir ;
» que dans une même Nation, une même famille qui porte

» le même nom, il n'y ait plus de distinction entre Israël & » Judas, entre Jérusalem & Samarie ; entre la montagne » de Sion & la montagne de Garizien...... Voyant avec la » plus vive douleur le manege & l'intrigue des anciens » ennemis de la France, soutenus par l'imprudence & par » la perfidie de quelques mauvais François, abuser des » noms sacrés de foi & de Religion, pour ouvrir la porte au » plus dangereux de tous les Schismes, nous avons cru, avec » les bons citoyens, d...... devoir arrêter la France sur le » bord du précipice & découvrir les dangers qui mena- » cent les deux partis, que l'on veut armer l'un contre » l'autre..... Avertissons ensuite fraternellement ceux que l'on » veut pousser au Schisme, de céder à l'orage autant qu'ils le » pourront, sans manquer à la patrie, de ne point perdre » le port de vue, de ne se point laisser arracher d'entre les » bras de leur mere....... Enfin, de se persuader que l'éclat » dont brille l'Eglise, est indépendant de la justice & de » l'injustice des hommes. Qu'ils ne fassent pas la priere, qui » fut si fatale au grand-Prêtre Onias. *Grand Dieu ! ceux-* » *ci sont votre Peuple, ceux-là sont vos sacrificateurs ;* » *fermez les oreilles aux prieres qu'ils vous adressent, les* » *uns contre les autres*...... Qu'il est bon, qu'il est doux » à des freres d'habiter ensemble, &c.

(59) Quelques-uns ont prétendu qu'il étoit resté quelques membres du Parlement, & que la majeure partie avoit suivi, à la Bastille, le Président du Harlay ; j'ai vû de l'incertitude dans les Auteurs ; mais ce qu'il y a de bien certain, c'est qu'on forma une Commission, qui eut le Maître pour premier Président ; & le Maître montra de la fermeté contre le Duc de Mayenne, ensorte que ce dernier vouloit détruire cette Commission, comme ne lui étant pas suffisamment asservie. M. de Mayenne avoit pour appui un Archevêque de Lyon, qui animoit les Moines & le Clergé ; (je ne sçais si c'est le fameux Miron, si dévoué à la Cour de Rome) mais le Roi avoit pour lui, entr'autres Evêques, l'Archevêque de Bourges, homme vraiment sage & éloquent, qui, dans une Harangue, soutint avec raison, que jamais la Religion n'avoit permis de désobéir à son Prince, sous prétexte qu'il étoit dans l'erreur, & il cita l'exemple des premiers Chrétiens qui étoient soumis aux Empereurs Payens ; cette saine Doctrine ne plaisoit point au Cardinal de Plaisance, Légat du

Pape, qui faisoit jouer tous les ressorts de sa Politique pour mettre le trouble par-tout. Enfin le fanatisme étoit tel alors que les Curés de Saint Benoît & de Saint André-des-Arcs de Paris, avec grand nombre de Cordeliers, s'obstinerent à prêcher la nécessité de la Rébellion, & que le Cardinal de Pellevé, instruit qu'Henri IV avoit été reçu par les Chanoines de Notre-Dame, fut, en criant contre ce Chapitre, attaqué d'appoplexie, dont il mourut sans avoir jamais pu parler. *Voyez* sur toute cette Histoire, l'Abrégé de l'Histoire de M. de Thou.

(60) Il faut observer que Philippe II, après avoir combattu inutilement pendant trente ans contre la Hollande révoltée, proposa des conditions singulieres pour placer sa fille sur le trône ; il vouloit qu'il fut stipulé, qu'au cas que sa fille devint veuve du Prince François a élire pour Roi, la Couronne lui passeroit sur la tête, avec faculté de la transmettre à son nouvel époux ; M. de Mayenne ne s'opposa aux prétentions de ce Prince, que parce qu'il voyoit que Philippe jettoit les yeux sur le Duc de Guise. Dom Laurent Suarez, Ambassadeur d'Espagne, & le Cardinal de Plaisance, Légat de Rome, à la place de Cajetan, mirent tout en œuvre pour pouvoir réussir. Il faut aussi observer, que sous le regne d'Henri III, lorsqu'on forma la *soi-disante Sainte Union*, Philippe II vouloit préparer les François à croire que la Loi Salique n'est qu'une chimere : par le moyen d'Augustin *Cranato*, il fit répandre en France un Discours où il entreprenoit d'établir que l'Espagne est la source & le centre du Christianisme en Europe, & par conséquent le premier Royaume Chrétien. Il y avançoit, qu'au cas de l'extinction de la maison de Valois, la maison d'Espagne avoit un droit éventuel à la Couronne de France. François Pithou, aussi profond que son frere, le refuta en 1586 ; il y détruisit les inductions de Cranato, tirées du Christianisme, en lui faisant voir que le Roi Athanaric, Alaric & les anciens Rois Goths, maîtres de l'Espagne, avoient persécutés la veritable Religion. Il établit, de l'avis unanime de tous les Ecrivains, la prééminence de la France sur tout les Royaumes de l'Europe. (*Voyez*, dit-il, Suidas, Procope & Saint Grégoire.) Les Rois de France, ajoute-t-il, ont toujours eu la premiere place après l'Empereur, ayant été jadis eux-mêmes Empereurs ; (les Registres de Rome en font mention.) Dans

l'entrevue de Calais, en 1521, il fut réglé que le Roi de France précéderoit Charles V, déjà élu Empereur. En 1480, Ferdinand ne prit que le nom de Roi Catholique d'Espagne, pour se distinguer des anciens Rois d'Espagne Ariens ou Sarrazins ; que Saint-Remi, les Conciles d'Orléans, de Mayence, d'Aix-la-Chapelle, &c. que les Papes Etienne I, Paul I, Etienne III, Adrien I, Nicolas I, Jean VIII, Innocent & Honoré III, Grégoire IX, Innocent & Urbain VI, donnent le titre de très-Chrétien au Roi de France ; que les anciens Papes ont appellés la France : « Mur inexpugnable de la Chrétienté, Boulevart » de la foi, asyle des Souverains Pontifes persécutés, Car» quois d'où Dieu tire & déploie ses traits contre les Nations » qu'il veut soumettre ou ramener à l'Evangile » ; que c'est elle qui a conservé la Religion en Italie, en Allemagne, en Ecosse, en Espagne & dans tout le Levant ; que Charlemagne replanta la foi en Espagne jusqu'à Cordoue, où il établit le Rit Anglican ; qu'Alphonse, Roi de Galice & des Asturies, ne vouloit être appellé par reconnoissance, que *proprius suus* ; que l'Archevêché de Narbonne avoit autrefois pour Suffragans les Evêques d'Urgel, d'Alsone, d'Elna, de Gironne & de Barcelonne ; qu'en 1180, on datoit en Arragon les Actes publics des années du regne de nos Rois ; qu'on y jouit encore des franchises que nous leurs concédâmes ; que Pharamond est parvenu à la Couronne par le droit du sang, parce qu'elle étoit dès-lors héréditaire, tandis que les Rois Goths n'étoient qu'électifs ; que leurs guerres contre les Maures n'ont été que défensives jusqu'au regne de Ferdinand V ; que comme Feudataires du Pape pour la Sicile, les Rois d'Espagne portent l'étendart à la tête des armées du Pape ; que les Annales de l'Europe des années 1527, 1556, 1557, &c. nous instruisent de leur zele pour la Religion ; que la France a le pas sur l'Espagne ; que la France ne doit sa grandeur qu'à la Loi Salique, Loi aussi ancienne que la Monarchie, & toujours inviolablement observée ; que l'ordre des successions au Trône, d'après cette Loi, a toujours fait le premier point de notre Droit Public. *Voyez*, dit-il, sur cela Agathias, Théophane, Cédrenus, l'ancien Pontifical de l'Eglise de Reims, Notger, Frodoard, Innocent III, Albertus Argentinensis & Froissard, tous Ecrivains ennemis de la France. *Voyez* encore Balde, Guillaume de Montferrat, Jacopin de Saint George, d'Estevan de Garibay y Camalloa: en un mot, tous les Espagnols. Philippe n'y répondit que sous Henri IV, relativement seulement à la préséance, par un *infolio* imprimé à Grenade en 1602 : par ordre d'Henri IV, M. Bignon y répondit en 1610, par un Ouvrage qui a pour titre, *de l'excellence des Rois & du Royaume de France.*

J'ai cru devoir mettre ici ce petit Extrait de notre Droit public, tant par rapport à Messieurs Pithou, que pour faire connoître les piéges que l'Espagne tendoit alors à la France. J'espere que le Public ne m'en sçaura pas mauvais gré.

(61) Dans cette Satyre, Pithou y fait l'énumération des malheurs de la Ligue & des Barricades qu'il attribue à l'artificieuse politique du Roi d'Espagne, & à l'ambition aveugle de la Maison de Lorraine; il y fait voir leurs intrigues mutuelles pour parvenir au Thrône. Les événements de toutes ces funestes guerres y sont tracés avec tout l'art qu'on connoît dans Pithou; il en est l'Historien impartial; l'assassinat du Duc de Guise, est, selon lui, l'effet de la jalousie de l'Amiral; celui de l'Amiral y est attribué aux Guises; celui d'Henri III, à la Maison de Lorraine, qui voulut faire Roi un pauvre Prêtre Prisonnier; Henri IV y joue un rôle digne de sa grandeur; on y voit dépeintes les horreurs du siége de Paris : la ressemblance des Zélateurs qui causerent la ruine de Jérusalem, avec les Zélateurs de la Ligue, s'y trouve parfaitement établie; on y voit les abus que les uns & les autres faisoient des droits sacrés de la Religion, pour commettre toutes sortes d'excès, d'abominations, & de cruautés; les Etats de Troyes y sont représentés assemblés pour exclure Charles VII du Trône; d'Aubray est supposé y porter la parole. Cet exemple lui sert pour faire sentir à la Ligue la folie de ses espérances; le retour de la France à l'obéissance d'Henri IV, comme à Charles VII, ne peut plus souffrir de délais de la part du Duc de Mayenne, ni du Pape; la fausse politique Espagnole annonce à ce Duc la même récompense que reçurent les traîtres qui lui avoient livrés le Portugal; il en doit être de même des promesses de la Cour de Rome. Ainsi la Ligue n'a, d'après cela, d'autre parti que d'obéir au Souverain que les Loix ont déjà placés sur le Trône; d'Aubray, (personnage que Pithou fait agir comme étant

cens

censé haranguer la Ligue), répond aux reproches de la Ligue sur la Religion d'Henri IV, & sur son goût pour le beau sexe; il prouve que ce Prince n'a d'autre défaut qu'une trop grande clémence; défaut, dit-il, qui devint funeste à César. Il finit par apostropher les Espagnols, le Légat, les Princes Lorrains, qui réunissoient leurs efforts pour retarder la paix. Cette piece est réellement curieuse, elle est trop longue pour trouver actuellement place ici dans son entier. Il y adresse la parole à la ville de Paris, avec la même véhémence que Cicéron l'adressa à Catilina. « Ne » veux-tu jamais te ressentir de ta dignité, & te souvenir » de ce que tu as été? Ne veux-tu jamais guérir de cette » frénésie, qui, pour un gracieux & légitime Roi, t'a engen- » dré cinquante Tyrans? Te voilà aux fers, te voilà en » l'inquisition d'Espagne... Tu n'as pu supporter une légere » augmentation de tailles & d'offices; mais tu endure qu'on » pille tes maisons, qu'on te rançonne jusqu'au sang, qu'on » emprisonne tes Sénateurs, qu'on chasse & bannisse tes bons » Citoyens, qu'on pende, qu'on massacre tes principaux » Magistrats: tu le vois & tu l'endure... tu l'approuve, tu » le loue... tu n'as pu supporter ton Roi débonnaire, si » facile, si familier, qui s'étoit rendu Citoyen & Bourgeois » de ta ville, qu'il a enrichie, qu'il a embellie de somp- » tueux édifices, accrue de forts & superbes remparts, » ornée de priviléges & exemptions honorables: que dis- » je, pu supporter! tu l'as chassé de la ville, de sa mai- » son, de son lit: que dis-je, chassé! tu l'as poursuivi, » assassiné & canonisé les assassins... Chacun se fait main- » tenant une Religion à sa guise; le Service Divin ne sert » plus qu'à tromper le monde par hypocrisie: les Prêtres » & les Prédicateurs se sont rendus si vénaux & si méprisés... » qu'on ne se soucie plus d'eux, ni de leurs sermons, sinon » quand on en a affaire pour prêcher quelques fausses nou- » velles... Où sont les Princes du Sang? où sont les Pairs?.. » Tous ces noms ne sont plus que noms de faquins dont on » fait litiere aux chevaux de Messieurs d'Espagne & de Lorrai- » ne. Où est la majesté & la gravité du Parlement, jadis » tuteur des Rois, & médiateur entre le Prince & le Peuple? » Vous l'avez mené en triomphe à la Bastille, & traîné la » justice & l'autorité captive, plus honteusement & plus » insolemment que n'eussent faits les Turcs... A la vue

» des progrès de votre Roi, vous, Duc de Mayenne, vintes » vous resserrer en nos murailles... Apprenez, villes li» bres... à ne plus vous laisser enchevêtrer par les char» mes & enchantements des Prêcheurs corrompus de l'ar» gent & des espérances que leurs donnent les séditieux. » Ce qu'ils vous font entendre de la Religion, n'est qu'un » masque dont ils amusent les simples, comme les renards » amusent les pies de leurs longues queues, pour les attra» per & manger ensuite à leur aise. En vîtes-vous jamais » d'autres, de ceux qui ont aspirés à la domination tyran» nique sur ce Peuple, qui n'ayent toujours pris quelque » prétexte spécieux de bien Public ou de Religion?.. Tou» jours leur intérêt particulier a marché devant... Leur fin » a toujours été de subjuguer & mâtiner le Peuple duquel » ils s'étoient aidés pour parvenir à leurs desirs. (Dans les » Factions de Bourgogne & d'Orléans, où la Religion ser» voit aussi de prétexe). Le bien public étoit le charme & » ensorcellement qui bouchoit les oreilles à nos prédéces» seurs. Je n'y vois que des étrangers passionnés, aboyants » après nous, altérés de notre sang & de notre substance: » je n'y vois que des femmes ambitieuses & vindicatives, » que des Prêtres corrompus... Je n'y vois noblesse qui » vaille, que trois ou quatre qui nous échappent : tout » le reste n'est que racaille nécessiteuse... venue piece à » piece... comme Cordeliers à un Chapitre Provincial... » Et vous, M. de Pellevé, (ce Cardinal dont nous avons parlé dans la note précédente, qui mourut d'apoplexie, de ce que le Chapitre de Notre-Dame avoit reçu Henri IV), « vous fait-il bon voir en cette compagnie, (dans la » Ligue), plaider la cause du Roi d'Espagne, & les droits » de Lorraine : vous, dis-je, qui êtes François... avoir » renoncé... votre Nation... nous n'aurons plus, dit-il, » (en parlant des Financiers de la Ligue), ces sangsues & » Maltotiers... on ôtera ces lourds impôts dont le profit » revient... à ceux qui manient les deniers & s'en don» nent par les jouées... on retranchera le nombre effréné » des Financiers, *qui font leur propre des tailles du Peu» ple, s'accommodent du plus net & du plus clair de» nier... Ces gens vous inventent mille termes élégants, » pour remontrer la nécessité des affaires, & pour refuser » de faire courtoisie à un Homme d'honneur.*

Nous n'avons rapportés ici que quelques phrases détachées ; pour faire desirer au Public lettré, de lire ce chef-d'œuvre d'éloquence ».

(62) Le Duc de Brissac avoit d'abord pris le parti de la Ligue ; mais devenu Gouverneur de Paris, il prit le parti du Roi, & le servit avec toute la loyauté possible ; depuis ce temps cette Maison est restée fidele à nos Rois, & elle s'est toujours montrée digne de leur confiance ; nous avons l'avantage de voir qu'elle tient encore entre ses mains les clefs de la ville la plus chérie du Roi. (M. de Brissac actuellement Gouverneur de Paris, est un rejetton du Duc de Brissac).

(63). Nous croyons dévoir faire un court récit de tout ce qui s'est passé relativement à la prétendue Religion réformée. On peut partir de tout ce que nous avons déjà dit de Luther, de Calvin & de la S. Barthelemi. C'est en 1525 que cette hérésie commença à se répandre en France. Elle occasionna beaucoup de troubles sous les régnes de François I, d'Henri II, qui lui succeda en 1547, de Charles IX, de François II, d'Henri III, d'Henri IV, de Louis XIII, & de Louis XIV, qui réussit enfin à mettre la paix dans son Royaume. En 1557, après la bataille de S. Quentin, perdue par les Catholiques, les Protestants chanterent publiquement les Pseaumes de Clément Marot. En 1559 on fit mourir des Conseillers au Parlement, pour avoir opiné en faveur des Protestants, dans les Etats tenus aux grands Augustins de Paris : il y avoit deux Maisons puissantes en France, celle de Lorraine, & celle de Montmorenci. Le Duc de Guise & le Cardinal de Lorraine, oncle de François II, devinrent très-puissants. Catherine de Médicis, Reine mere, engagea François II à donner au Cardinal de Lorraine, frere de la mere de la Reine, l'Intendance des Armées & des Finances, & la direction des affaires publiques ; ce qui obligea le Connétable de Montmorenci à se retirer de la Cour. Antoine de Bourbon, Roi de Navarre, & Louis Prince de Condé, & les Coligni mécontents de ce choix, prirent le parti des Protestants. Dans une assemblée de ceux-ci, tenue à la Ferté sous Jouarre, on conclud que l'on pouvoit légitimement prendre les armes contre l'usurpation, disoit-on, du Duc de Guise, & du Cardinal. Le Prince de Condé, élu Général, n'accepta que sous la condition qu'on n'attenteroit rien contre le Roi, ni contre l'Etat; il fut bientôt arrêté aux Etats d'Orléans ou de Meaux; mais il fut relâché en 1560, après la mort d'Henri II. On donna la Régence à Catherine de Médicis, à condition de ne rien faire que de l'avis du Roi de Navarre, Lieutenant Général du Royaume. La Reine Catherine de Médicis souffrit qu'on prêcha la réforme à Fontainebleau. En 1561, à la requête de l'Amiral de Coligni, parut un Edit, qui défendit d'inquiéter personne pour fait de Religion, jusqu'à un Concile général. Dans ce même temps se tint le Colloque de Poissi, pour convenir de ce qu'on devoit traiter au Concile général. En 1562, autre Edit qui permit aux Protestants l'exercice de leur Religion, hors des villes & fauxbourgs; il se fit un triumvirat composé du Duc de Guise, du Connétable, & du Maréchal de S. André. Le Roi de Navarre mourut à Andely, d'une blessure reçue au siege de Rouen; dans la même année fut donnée la bataille de Dreux, où le Duc de Guise fit le Prince de Condé prisonnier; le Connétable fut pris par les Protestants, & le Maréchal de S. André fut tué. En 1563, le Duc de Guise fut tué au siege d'Orléans par l'assassin Poltrot. Le 19 Mars 1563, Edit d'Amboise, qui fit remise des prisonniers respectifs, & qui permit aux Protestants l'exercice libre de leur Religion, dans certains fauxbourgs & dans les maisons Seigneuriales. En 1567, les Protestants ayant repris les armes, parce que la Reine s'étoit expliquée contre eux, ils furent défaits dans la plaine de S. Denis, & le Connétable y fut tué. En 1568, Edit de pacification de Lonjumeau, à la charge par les Protestants de remettre les villes. En 1569, bataille de Jarnac, où le Prince de Condé fut tué. En 1570, on fit la paix, & on accorda aux Protestants quatre villes; savoir, la Rochelle, Montauban, Cognac & la Charité, ce qui dura jusqu'à la S. Barthelemi, en 1572, où l'Amiral fut massacré. Charles IX obligea le Prince de Condé d'abjurer l'hérésie: les Protestants devenus plus puissants sous Henri III, ils élurent pour Chef le Roi de Navarre, qui remporta plusieurs victoires, & qui succéda à la Couronne de France, sous le nom d'Henri IV; ce Prince leur accorda l'Edit de Nantes de 1593; Louis XIII prit la Rochelle & les soumit; Louis XIV étegnit l'hérésie,

& fit abattre leurs Temples construits depuis soixante ans; il abolit les Chambres mi-parties où les Protestants étoient protegés, & par l'Edit de 1685, il prohiba l'Exercice public de la Religion prétendue réformée; il révoqua l'Edit de Nantes de 1598, & celui de Nîmes de 1629: ce Prince, après avoir eu plusieurs Guerres à soutenir, a enfin rétabli la paix dans l'Europe; il est à présumer qu'aujourd'hui que les lumieres ont dissipés l'ignorance & le fanatisme, & que les Hommes sont devenus plus humains, on verra régner perpétuellement l'union & la concorde parmi les Citoyens; on s'apperçoit quels maux ont causés à l'Eglise & à l'Etat, deux mécontents, Luther & Calvin, & de qu'elle importance il est pour un Gouvernement sage, de ne pas irriter le génie d'un Citoyen mécontent, & qui a le malheur d'être violent, ainsi que l'étoit Luther; les guerres de Religion ont toujours été funestes à la société; elles en ont rompu les liens, & ont toujours produit le bouleversement des Empires. Ainsi s'opéra la division de Samarie & de Juda; de freres qu'ils étoient, ils devinrent ennemis. On doit leur attribuer pareillement la chûte de l'Empire Romain, & le changement de Gouvernement dans plusieurs Etats de l'Europe, la dévastation de plusieurs Provinces, des émigrations considérables, &c. &c. C'est aux Princes, par leur sagesse, en maintenant la véritable Religion, d'entretenir l'harmonie & d'empêcher les troubles; s'ils n'ont pas le pouvoir d'enseigner, ils ont celui de punir ceux qui transgressent leurs Loix.

(64) Pendant que la France étoit ainsi agitée, l'Angleterre vivoit depuis quatorze ans sous les loix douces & paisibles de la Reine Elizabeth; le commerce, en procurant a cette contrée toutes les commodités de la vie, concilioit à la Reine l'estime de toute l'Europe; comme une autre Sémiramis, cette Princesse voyoit son Peuple dans l'abondance bénir son auguste regne, & tous les autres Princes, rendre hommage à ses vertus & à son mérite. Sixte Quint (*a*), lui même si habile dans l'art de gouverner, lui donnoit le second rang après

(*a*) Ce Pape a fait plus pendre de coquins dans un an, que n'avoient fait durant toute leur vie ses prédécesseurs; Rome sous lui, devint un asyle de sûreté.

le Roi Henri IV; peu de temps après la Reine Christine, en Suede, se montra digne de l'admiration de l'univers; elle attira chez elle les beaux Arts; les Gens à talents trouverent en cette Princesse une vraie protectrice; aussi n'employa-t-elle que des gens de mérite pour le Gouvernement de ses Etats: douée d'un grand génie, d'une noble émulation, elle annonça à l'univers qu'elle étoit digne de régner; par un travail opiniâtre, à l'aide des leçons des Descartes & des Grotius, qu'elle recevoit dès les cinq heures du matin, (n'ayant pas d'heure plus commode pour s'instruire), elle suppléa au défaut de connoissance qu'on avoit négligé de lui donner. Nous voyons de nos jours l'Impératrice de Russie marcher sur les traces de ces illustres Reines, & parvenir même plus rapidement aux faîtes de la gloire; déjà d'un pays barbare, elle en a fait une Nation où regnent les vertus & les talents de Lacédémone & d'Athenes; victorieuse du plus puissant Monarque de la terre, elle fait les délices du Nord, & elle voit avec un plaisir inexprimable, un Grand Prince s'empresser de marcher sur ses traces. Dans ce nombre & dans le premier rang, on doit aussi comprendre l'Impératrice Reine de Hongrie, mere de notre Auguste Reine, qui a fait régner l'âge d'or dans l'Empire d'Allemagne: ses vertus & ses rares qualités sont trop connues pour y insister d'avantage. Ces exemples nous convainquent qu'il est des Héroïnes dans le sexe, que la nature forme sans le secours de l'art; car rien de plus négligé aujourd'hui, que leur éducation: les peuples semblent s'être concertés pour les réduire à l'inaction; ceux d'Asie les séquestrent de la société, ceux d'Europe les entretiennent dans une *espece d'enfance perpétuelle*; à peine en voit-on sortir quelqu'une du cercle de sa toilette, & de ses plaisirs; il est cependant de fait, qu'une femme élevée dans le commerce, y réussit presque toujours, &c. &c. Mais nous n'entendons point ici critiquer la politique des Hommes dans ce genre d'éducation, peut-être y auroit-il beaucoup d'inconvénients à la changer pour le sexe qui n'est point du premier rang; c'est à chaque pere de famille à se conduire comme il l'entend sur cet article; quant aux personnes du premier rang, destinées par leurs naissances & leurs qualités à faire le bonheur des peuples, nous n'entrevoyons aucun inconvénient à les rendre dignes de marcher sur les traces des Femmes illustres.

(65) La lecture de l'Histoire suffit pour être convaincu des tracasseries du Clergé contre le Gouvernement ; les Evêchés & Archevêchés se résignoient alors, & la simonie étoit le crime habituel. *Voyez* le second tome de Pinson sur l'Histoire de la Pragmatique & Concordat. Il rapporte une Lettre de Louis XI, du mois d'Août 1481, en réponse à quelques articles présentés par l'Archevêque de Tours, touchant quelques Prélats de France. Voici comment s'exprime ce Prince.

« Au regard de l'Archevêque de Toulouse... vrai est, » qu'on dit qu'une Femme, qui gouvernoit le vieil Archevêque, lui fit faire résignation à un neveu qu'il avoit, » très-mauvais garçon, & n'étoit pas en âge... & n'étoit ce » qu'il falloit à Toulouse, qui est trop près d'Armagnac ; (le vieil Archevêque étoit lié avec le Comte d'Armagnac, qui avoit des démêlés avec le Roi) : « vrai est que ledit » neveu vint à la Cour, pour suborner gens, *& apporta* » *beaucoup d'argent, & l'offrit à mes gens* : tellement qu'il » y en avoit beaucoup déliberés d'en prendre ; *je les fis* » prendre... tellement que l'Archevêché demeura à celui » pour qui j'avois écrit, & perdit son argent. Au regard » d'Aulx, vous savez les biens que je fais à son frere, & aussi » audit Evêque : le dernier & leur neveu, me trahirent à » Rouen & à Paris... & plusieurs fois ledit Archevêque, » nonobstant que lui avoit fait pourchasser ledit Archevê» ché, il se joignit avec ledit Comte d'Armagnac, & se » déclara en rébellion pleine, contre la Couronne de France, » & lui prêta de l'argent grand foison & de vivres, & le » servit de tant qu'il avoit contre ladite Couronne, jusqu'à » la mort dudit Comte.

» D'Embrun... je me fiois en lui... il se déclara contre » tous mes loyaux serviteurs, & fut persécuteur extrême » contre eux, tellement qu'il confisqua les biens & le corps.... » s'en fouit en Savoye, & fut banni. M. le Cardinal de » Touteville, lui fit avoir l'Evêché d'Embrun à son fils, » moyennant douze ou quatorze mille ducats, qu'il donna » audit Cardinal, *oncques depuis, je ne me fie audit* » *Cardinal*...& fit entendre au Pape qu'il avoit passé vingt» deux ans dont il n'étoit rien, pourquoi voyant qu'il étoit » fils d'un traître, & qu'il n'avoit nul droit à l'Archevê» ché... J'essayai tout ce que je pû, pour que le Pape le

» translata ailleurs, ce qu'il eut fait bien légerement, ce » n'eut été mondit sieur le Cardinal, auquel *il grévoit* de » rendre cet argent qu'il avoit eu, & tenoit la main au » contraire : & après.... il fit des séditions au pays qu'il » pû... Il mit la main de voye & de fait sur mes Offi- » ciers, & tous ceux qui étoient bon *parcias* pour moi, il » les excommunioit, & s'ils n'étoient Officiers, il les pre- » noit par voie de fait... & ceux qu'il ne pouvoit, il les » excommunioit, & les autres il les diffamoit, prenoit mon » argent de la taille, & rançonnoit ceux qui la payoient : » item, rançonna beaucoup de particuliers, & brief a ran- » çonné tout le pays, tellement qu'ils sont venus crier jus- » tice, & plus que justice, qu'il leur falloit laisser le pays... » Bruit est que son pere étoit fort *hipocrite*, & détruisoit » beaucoup de gens ès-montagnes de là où il étoit, & est » fort vindicatif & rapineux, & si est le fils le plus fort » vindicatif qui soit au monde, & tous ceux qu'il hait il les » détruit de corps & de biens. Vrai est qu'on dit qu'il a une » sœur qui vit très-bien & saintement; mais en toute sa » lignée n'en y a nul autre ; j'ai bien donné des provisions » contre les pilleries qu'il faisoit ; il est vrai que maître » Jacques se accointa du neveux du Pape Légat d'Avi- » gnon, &c....

» Au regard de Castre, c'est un traître qui a été consen- » tent de me faire prendre deux ou trois fois, & de me » empoisonner; j'en requiere justice au Pape, &c...

» Au regard de S. Flour, il est Gentilhomme, & fut à la » guerre pillard... & a tenu la ville de S. Flour en rébel- » lion douze ou quatorze ans, jusqu'à ce que je fis pren- » dre la ville par force... & a fait, ledit Evêque, pren- » dre beaucoup d'Officiers & battre, aucuns sont morts, & » a fait de voies de fait un millier contre la Couronne, &c...

» Au regard de M. de Constance, qui fut arrêté à Pa- » ris... & ce n'eut été que je l'en fait délivrer, on lui eut » fait une mauvaise compagnie ; il est invocateur des dia- » bles & en latin, *grec publique*... & se ébaïst le Roi : » comment M. de Tours lui a mandé qu'il se fasse absou- » dre de ce qu'il le fit arrêter, vu que lui-même fit prê- » cher en cette ville les invocations, &c...

» Au regard de M. de Laon, le Roi... lui a défendu » la ville de Laon & l'environ, pour ce qu'il fut prins de-

» dans S. Quentin, en tenant pour le Duc de Bourgogne, » ladite ville contre le Roi, &c... & voudroit bien le Roi » que le Pape y mit homme sûr, &c...

» Au regard de Sées... la perdue goupillon, par la faux- » sonnetie qu'il avoit faite, par contrefaire les lettres du » Roi & du Secretaire, par Sentence en Cour de Rome ».

Dans cette lettre adressée au Chancelier, pour la faire passer à M. l'Archevêque de Tours, on voit que les Evêques alors placés par le Pape seul, qui franchissoit la Pragmatique sanction, prenoient toujours parti contre le Roi. « Il » me sembloit, lui dit le Roi, (en parlant de M. de Tours), » qu'il étoit plus tenu à moi, qu'à M. le Cardinal Balué, » & au Cardinal *Sancti Petri ad vincula*. Dites-lui franche- » ment qu'il me déplaît, qu'il a mis la main à la charrue & » regardé derriere lui, & que tant que je le vois partial » je ne me voudrai fier en lui. Chancelier, s'il est homme, » qu'il s'en plaigne, je ne les en craint de rien ».

Jusqu'au temps de Pithou on n'osoit porter qu'avec peine d'appels comme d'abus aux Parlements, attendu que le Clergé se regardoit, ainsi que ses immunités, comme indépendant du Souverain; on connoît assez les dissentions qu'excita là-dessus un sieur Miton, Evêque d'Angers, devenu ensuite, par la reconnoissance de la Cour de Rome, Archevêque de Lyon: le Clergé avoit porté ses prétentions au point qu'en 1331, sous le regne de Philippe de Valois, & sous le Pontificat de Jean XXII, Pierre Bertrand Evêque d'Autun, (auparavant Docteur & Professeur en Droit à Avignon, de suite à Montpellier & Orléans, premierement Chanoine & Doyen du Puy, devenu Conseiller au Parlement de Paris, par le choix du Roi Philippe le Long, puis Chancelier de Jeanne de Bourgogne, ensuite Evêque de Nevers), fut fait Cardinal par la Cour de Rome, pour avoir défendu contre Pierre de Cugnieres, Procureur Général au Parlement, les droits du Clergé, contre ceux des Parlements, au milieu d'une assemblée que le Roi fit tenir pour donner satisfaction au Parlement, qui soutenoit que le Clergé entreprenoit contre la Jurisdiction des Séculiers; le Roi ému par l'éloquence de cet Evêque, jugea en faveur du Clergé; la suite des temps a dû faire connoître que ce Prince avoit été séduit, puisque le Clergé, soutenu de la Cour de Rome, ne vouloit reconnoître que ses Tribunaux; ce qui a duré jusqu'à ce que les Libertés de l'Eglise Gallicane, rédigées par Pithou, ont eu surmontés la résistance du Clergé. Depuis que le Gouvernement féodal a été éteint en France, & que les Bénéfices situés en France, ont cessés d'être en la libre disposition de la Cour de Rome, le Clergé a abandonné insensiblement les prétentions Ultramontaines; devenu Citoyen, il obéit au Roi, se conforme à ses volontés, & contribue tant par sa doctrine, que par la pureté de ses mœurs à entretenir la paix dans l'Etat.

(66) Cette Bulle, dit Pithou, n'a point été reçue, publiée, ni enregistrée en France; d'après nos Libertés, elle est comme non avenue; tel est le Droit ancien de la Nation. En 1497, l'Archiduc Philippe soumit aux mêmes formalités, dans l'étendue des Pays-Bas, toutes les Bulles, Sentences & Provisions Apostoliques; peu de temps après, l'Empereur Charles V, les adopta pour ses Etats, par deux Edits donnés l'un à Bruxelles, en 1530, l'autre à Madrid, en 1543.

La Bulle même de Sixte Quint, qui prononce contre Henri IV l'Excommunication pour cause d'Hérésie, n'ôte pas aux Ordinaires le pouvoir d'absoudre le Roi, puisque le Concile de Trente le leur attribue. D'après différents textes du Droit Canon, & même d'après l'autorité des Docteurs Ultramontains, les circonstances où se trouve Henri IV, l'autorisent à se faire absoudre par les Evêques, quand même, par une Bulle irréprochable, son absolution auroit été réservée au S. Siege. En effet, dit-il, suivant le Droit Canon, & les Canonistes les plus rigides, tout excommunié qui se trouve empêché par la distance des lieux, par les dangers des chemins, par sa dignité, par la crainte de tomber entre les mains de ses ennemis, est dispensé d'aller à Rome demander en personne son absolution. Or tous ces empêchements se trouvent réunis dans la personne auguste d'Henri IV, premier Roi du monde Chrétien, issu d'une Race Auguste, armé pour soutenir ses droits, faisant des sieges, donnant des batailles, en butte à des ennemis déclarés, environné d'ennemis secrets encore plus dangereux, il ne peut entreprendre le voyage de Rome. Pithou cite un trait de l'Histoire d'Espagne, à l'appui de son avis. Les Goths Arriens, dit-il, convertis à la Foi Catholique, par les soins du Roi Récadere, furent réconciliés & absous en 589, par les Evêques au troisieme Concile de Tolède. Ayant répondu aux difficultés de la Bulle de Sixte Quint, Pithou réfute les inductions qu'on veut tirer de celle de Grégoire XIII, qui défendoit au Clergé de France, toute communication même indirecte avec Henri IV; il lui oppose la protestation du Clergé assemblé à Chartres, en Septembre 1591, à laquelle la Cour de Rome n'avoit rien répondu: on peut d'autant moins refuser d'absoudre le Roi, que ce Prince a formé la résolution d'envoyer à Rome, & d'y ménager entre la France & le S. Siege, le rétablissement de l'harmonie; qui, suivant Innocent III, fait la gloire & la puissance de Rome.

Telle est la défense que notre Jurisconsulte Citoyen, oppose à Rome, dans un temps où ce Siege se prépare à rétablir en France les troubles qui l'ont désolée sous le regne de Philippe le Bel, & de Boniface VIII. Son Patriotisme, son amour pour son Prince, son affection pour la maison de Bourbon, lui dictent ces moyens péremptoires dans un siecle où le fanatisme menace de mort quiconque ose parler le langage de la vérité; mais Pithou, semblable à ces généreux Romains, est prêt à tout sacrifier pour sauver sa Patrie & son Prince.

La Maison de Bourbon régnera donc sur les François. Henri IV sera donc conservé, & Rome, en lisant ses premiers fastes, rentrera dans le devoir. La France n'est redevable de ces heureux succès, ni au Clergé, qui par état, devoit défendre sa Patrie & son Roi, ni à la Noblesse alors ignorante & séduite par la Maison de Lorraine & par les Cours de Rome & de Madrid, ni au Peuple qui couroit comme un forcené à sa perte; *mais à un Avocat.* C'est à cet Ordre toujours surveillant, toujours attaché aux Loix, à nos Libertés & à la raison, qu'elle doit sa conservation.

(67) Le lendemain 28 Août, dans un Lit de Justice, on fit à hui clos la lecture des Provisions de Pithou, & on reçut aussi-tôt son serment. L'Edit sur la Réduction de Paris & sur le rétablissement du Parlement de Paris, ayant été lu, Pithou en requit l'enregistrement; il alla joindre avec Loysel, choisi par *interim* pour Avocat Général, ceux des vrais Magistrats rassemblés dans la Chambre S. Louis

Le zele de Pithou s'enflamme dans l'instant ; il desire que toute la Nation s'empresse d'accueillir Henri le Grand : aussi-tôt il fait rendre un Arrêt qui invite toutes les Villes, Communautés, Princes, Prélats & Seigneurs, de rentrer dans le devoir, & d'imiter la ville de Paris, déclarant nuls tous Jugements, Serments & autres Actes faits depuis les barricades, notamment tout ce qui a été fait contre la personne d'Henri III, & sa mémoire, avec une administie générale, sous la réserve de poursuivre extraordinairement les auteurs & complices de l'assassinat de ce Prince. On y annulle les pouvoirs donnés au Duc de Mayenne ; on fait injonction à ce Prince, à la Maison de Lorraine, & à leurs Partisans, d'abandonner la Ligue, de reconnoître Henri IV, à peine d'être traités comme Criminels de haute trahison ; on arrête qu'il sera fait une procession générale tous les ans, & que le Parlement y assistera en Robes rouges.

(68) Troyes, Patrie de Pithou, a le malheur de s'être laissé séduire contre son Roi, & d'avoir osé élever contre lui l'étendart du fanatisme & de la rébellion ; ce zélé Citoyen redouble d'efforts pour obtenir sa grace ; il espere tout de la bonté du plus loyal des Rois. Ses démarches ne sont point infructueuses ; Henri IV ne peut s'empêcher de louer son zele, il consent donc que cette Ville se répente & rentre sous le joug de l'obéissance.

On dira peut-être qu'il n'est pas possible que Pithou n'eut quelque défaut ; nous répondons à cela que nous n'en connoissons aucun, & s'il en eut, son zele & son humanité doivent le faire excuser. La reconnoissance & l'estime eurent toujours de grands droits sur son cœur ; d'ailleurs la gloire d'un Grand Homme ne consiste pas à être éblouissant de toute part, il a ses défauts comme un tableau ses ombres ; il n'est point nécessaire que ce soit un astre parfaitement brillant, autrement il seroit impossible de le fixer ; Pithou fut aussi Grand que la condition humaine peut le permettre.

(69) Les prétentions de la Cour de Rome tendirent toujours à humilier les Souverains de l'Europe ; Feudataires de l'Empire, cette Cour à l'aide de la Puissance spirituelle, que l'Eglise reconnoît en elle, voulut faire croire que la Couronne Impériale ne reposoit que sur la même tête qui

portoit la thiare; d'après ces étranges idées, l'Allemagne éprouva toujours les plus grandes révolutions; mais l'amour des François pour leur Souverain, leur fut un bouclier redoutable à cette Puissance Ultramontaine. Nous tenons pour maxime, que le Roi de France ni ses Officiers, ne peuvent être excommuniés; en vain la Cour de Rome a-t-elle essayé de prouver le contraire, ses entreprises ont toujours été suivies du désespoir & de la honte. Grégoire VI entreprend le premier ce coup d'essai; il se hâte d'arriver en France pour y excommunier Louis le Débonnaire; le Clergé de France, plus ferme, plus éclairé & moins corrompu par l'appas *des dignités* Romaines, déclare à ce Pontife: « *qu'en cela il ne lui obéira jamais*, & qu'il ne » pourra parvenir à excommunier le Roi ». *Nullo modo voluntati summi Pontificis succumbere, sed si excommunicaturus veniret, excommunicatus abiret.* Ebbon, Archevêque, indigne d'être François, voyant les protestations de la Nation, replace sur le Trône ce Prince, qu'il avoit eu la scélératesse d'en arracher. Dans l'affaire de Valdrade, Lothaire n'est excommunié par Nicolas I, que parce qu'il a eu l'imprudence de choisir ce Pape pour arbitre, & qu'il s'est soummis à ses ordres. Hincmar nous rapporte à cet égard les protestations du Clergé de France. « *Neque edic-* » *tis tuis stamus, neque tuas Bullas, tonitruaque time-* » *mus; tu eos qui decretis tuis non parent impietatis con-* » *demnas, iisdem sacrificiis interdicis: nos tuo te ense* » *jugulamus qui edictum Dei nostri conspicis, concordiam* » *discendis*, &c. (*Voyez* les Annales de Baviere par » Aventin) ».

Hincmar, le meilleur François & le plus savant Archevêque de son siecle, instruit qu'Adrien II veut, sous peine d'interdit, obliger Charles le Chauve, à mettre Louis, fils de Lothaire, en possession du Trône de son pere, lui écrit au nom de la Nation, en termes encore plus fort. Sixte Quint, qui, par son génie & ses lumieres, eut été digne de notre admiration, si le tableau de ses vertus n'étoit terni par sa Bulle d'excommunication contre Henri IV, (heureusement que ce trait de hardiesse tomboit sur un Prince aussi Grand que lui, & digne d'être aimé) osa entreprendre de dépouiller le plus sage de nos Rois, pour lui substituer une Princesse étrangere. En effet, nos Rois de la troisieme

Race, ayant mieux consulté le cœur de leur Peuple, que ceux de la seconde, *y ont trouvé l'appui de leur Couronne.* Le fameux Arnoulst, Evêque d'Orléans, prononça dans l'Assemblée de la Nation à Reims, en présence du Roi Hugues Capet, une Harangue qui déplut au Pape; celui-ci ayant menacé par une Lettre à Seguin, Archevêque de Sens, d'excommunier le Roi & le Clergé, si on ne changeoit les résolutions prises; Gerbert, Archevêque de Reims, protesta contre ses menaces. Philippe le Bel excommunié par Urbain VIII, fut néanmoins couronné par les Evêques de son Royaume. Un seul Evêque de France, mais originairement Moine, refuse, à cause de ses liaisons avec le Pape, d'assister à l'Assemblée où Philippe est couronné; on saisit son temporel jusqu'à le laisser sans pain: « *damnaque*, dit-il lui-même, *usque ad penuriam panis* » *inflicta* ». Il avoue que toute la Nation s'étoit unie au Roi, contre les prétentions du Pape Urbain (*a*); on connoît assez les suites des démêlés de Boniface VIII avec ce Grand Prince (*b*). La France respira & rentra dans ses droits sous Clément V, successeur de Boniface VIII, parce que Clément V, Archevêque de Bordeaux, (ville alors soumise aux Anglois), doué de grandes lumieres & d'une expérience consommée, sçu respecter les Rois, & se rendre à la legitimité de leurs droits. Paul II, successeur d'Urbain, renouvella ses entreprises contre Louis-le-Gros, mais inutilement, ainsi que Célestin III, qui envoya en France des Légats, pour excommunier Philippe Auguste. L'ancienne chronique de S. Denis, nous apprend, « que ces » Légats s'étant trouvés en l'Assemblée & Conseil général » de tout le Royaume de France, furent saisis ainsi, comme » un chien qui ne peut aboyer: si que ne menerent pas

(*a*) Il ne faut point être étonné que les Papes fussent alors si entreprenants contre les Souverains; la plupart tirés du Cloître, apportoient sur le Siége de la prudence & de la sagesse, toute la fierté, l'ambition & le despotisme monacal; les Moines étoient alors asservis à Rome, aussi ne créoit-on de Cardinaux que parmi eux; aujourd'hui les Moines sont devenus Citoyens, & ils se font gloire d'invoquer nos Franchises & Libertés.

(*b*) Philippe-le-Bel fut le premier qui ordonna que les appanages des Princes ne seroient qu'en usufruit, par forme de substitution, reversibles à l'extinction des mâles; il fit par-là cesser la section du Royaume.

» la besogne à perfection, parce qu'ils avoient peur de » leurs peaux ».

Par Arrêt du Parlement de Paris, du 21 Mai 1408, sous le regne de Charles le bien-aimé, un Arragonnois, dit Sanche-Loup, & un Chevaucheur du Pape Benoît (*a*), » furent enmenés au Palais, en deux tombereaux, chacun » d'eux vêtu d'une toile peinte où étoit en brief effigie la » maniere de la présentation *des mauvaises Bulles*, jusqu'en » la cour du Palais, avec compagnie de gens attroupés, » & là furent échafaudés publiquement, & puis ramenés » au Louvre par la maniere susdite ».

Louis XII, que la France appellera toujours le Pere du Peuple, résista avec vigueur aux entreprises de Jules II, contre les droits de la Couronne.

Nos Rois n'ont jamais été soumis aux censures; ce qui est attesté par une foule de Bulles dont les originaux sont au trésor des Chartres. Jusqu'au commencement de la troisieme Race, nos Rois levoient les censures, soit en admettant un Excommunié à leur table, soit en leur accordant des lettres de grace; il y en a une Loi dans les Capitulaires, & Yves de Chartres, dans ses lettres, rapporte qu'elle fut encore en vigueur sous la troisieme Race.

Par une suite du privilege que nos Rois ont de ne pouvoir être excommuniés, nous tenons que leurs Officiers, sur-tout les Pairs de France, ne peuvent être sujets à cette peine dans l'exercice de leurs Charges; ainsi que le soutint en plein Parlement, le 25 & 26 Février 1410, M. le Procureur Général, en la Cause de l'Archevêché & de l'Archidiacre de Reims, ce qui est confirmé par des Arrêts de 1388, 1399, 1519, &c.

En conséquence de cette prérogative, la Noblesse & le Tiers-Etat déclara en 1247, par une protestation générale, « que nonobstant l'excommunication que le Clergé pour-

(*a*) En 1406, le Parlement, par son Arrêt du 11 Septembre, défend de payer les annates à Benoît XIII, qui exigeoit avec la plus grande violence les arrérages des anciens Bénéficiers; *neque pondus, neque mensuram servare consueverat*, porte l'Arrêt; il défend aussi de remettre à ses Collecteurs la succession des Ecclésiastiques; ce Pape se prétendoit en droit d'avoir le mobilier & l'immobilier des Clercs décédés; sans doute que cela donna lieu à équiper ainsi ses Légats.

» roit lancer contr'eux, ils ne laisseroient aller pour l'ex» communiement & pour autre chose qu'on leur fit, mais » poursuivroient leur droiture ; *quia clericorum superstitio » non attendens quod bellis, & nostrorum sanguine regnum » Franciæ ad fidem sit conversum* ; 1°. *quadam humilitate » nos seduxit quasi vulpes se nobis opponentes ex ipsorom » castrorum reliquiis quas à nobis habuerant fundamen» tum* ».

Le Diocese de Nevers, ayant été mis en interdit en 1458, par Arrêt du 12 Décembre de la même année, il fut ordonné, « que nonobstant cet interdit, le Service » Divin seroit continué ; qu'à ce faire seroient contraints » lès Gens d'Eglise par saisie & prinse de leur temporel, » avec decret de prise de corps contre ceux qui avoient » poursuivis cet interdit, lesquels furent condamnés à le » faire revoquer & casser à leur propre coust & dépends ».

Autre Arrêt de 1488, qui déclare abusives les Bulles portant excommunication contre les habitans de Gand & de Bruges. Autre de 1580, contre la Bulle *in cœna Domini* ; Bulle qui vient d'être supprimée par le vertueux & le savant Ganganelli, (Pape qui sera à jamais regrètté des Souverains de l'Europe. Ce Pontife, né dans un siecle éclairé, de parents peu fortunés, mais honnêtes, avoit acquis des talents supérieurs dans des lieux ordinairement dévoués à des occupations qui ne le permettent guere ; élevé à la Cour de Rome, il en connoissoit les abus, & il savoit que son ancienne politique a nui à sa véritable grandeur ; à un vaste génie il réunissoit les qualités du cœur ; savoir, l'humanité, l'affabilité, la sensibilité, la modération & la charité, qualités essentielles à l'Homme en place ; il annonçoit de grandes vues dignes de la Loi Evangélique ; savoir, l'union des Peuples, par la Religion & la paix, lorsqu'on ne sait par quelle fatalité une parque jalouse a coupé le fil précoce de nos espérances ; il est à présumer que son successeur, qui a puisé dans le sang d'une illustre Maison, le premier germe de la vertu, exécutera ces plans).

On voit encore les Lettres-Patentes données par Charles V, en 1369, portants défenses à tous Evêques & Officiaux, de prononcer interdits, censures ou excommunications ès villes & lieux de son obissance.

Les Lettres-Patentes de Charles VIII, du 2 Septembre

1440, portent injonction aux Parlements & Juges Royaux, de ne permettre aucunes citations, monitions, suspensions, privations, censures, être publiées & exécutées contre aucuns Sujets. On voit une foule d'Arrêts, portant différentes restrictions & modifications au pouvoir des Légats du premier Siege, tel que celui de 1484, qui fait défense au fameux Cardinal Balue, de faire acte de Légat, sans la permission du Roi, sous peine d'être déclaré rebelle, avec commission à deux Conseillers, pour informer contre lui.

(70) Le Cardinal de Richelieu, fut un des plus grands politiques de son siecle; par sa qualité de Cardinal, il fut le premier, & comme le seul Ministre. Cet Homme ne vouloit point avoir d'égal; il faisoit tout trembler, & on peut dire qu'il tenoit le Roi en tutelle; il fut le fléau de la noblesse; parmi ses qualités despotiques, il ne laissa pas que d'en avoir quelques bonnes; il eut tous les plus riches Bénéfices de la France, toutes les Abbayes Chefs-d'Ordre; il s'étoit fait nommer aux cinq Abbayes de Chezal-Benoît, par le Roi; il s'en désista au moyen de ce qu'il se fit nommer Général de la Congrégation de S. Maur, qui lui paya trente mille livres de pension annuelle, que la Congrégation, qui le redoutoit, eut soin de payer, même avant d'avoir répartie sur les cinq Abbayes la cote que chacune devoit en payer. Il n'est pas surprenant qu'étant né si ambitieux, il ne porta ses vues sur la Thiare; on ne conçoit pas comment tant d'ambition peut entrer dans le cœur d'un galant Homme, sur-tout d'un Homme qui aime à se survivre; car on ne peut nier qu'il n'eut cette bonne qualité. Ce n'est point principalement par ses Ouvrages, mais par des monuments publics qu'il se survit; son esprit agité par l'ambition, n'étoit pas capable de ce calme nécessaire, pour se livrer entierement aux sciences; la lecture de l'Histoire auroit dû, en nourrissant en lui le desir de se survivivre, en faire un plus Grand Homme; car il faut avouer que la nature n'avoit rien épargné en lui; mais son cœur étoit un volcan qui animoit la passion de l'ambition, & qui lui fit oublier la maxime de S. Paul, qu'un Evêque ne doit être l'époux que d'une seule Eglise, *unius uxoris virum.*

(71) Pierre de Marca, né à Gans en Béarn, le 24 Janvier 1594, d'une Famille noble & ancienne, ayant étudié trois ans en Droit à Toulouse, fut fait Conseiller au Conseil Souverain de Pau, en 1615. M. de Marca, pour avoir converti ce Tribunal, alors Protestant, fut fait Pré-

fident de ce même Conseil, en 1621. En 1639, il fut fait Conseiller d'Etat. En 1640, il fit l'Histoire du Béarn: l'élégance de son style, & la solidité de ses raisonnements, determinerent le Cardinal de Richelieu, de le charger de répondre à l'*Optatus Gallus* de Hersent; pour cela il composa en 1641, le Livre *de Concordia Sacerdotii & Imperii*; cet Ouvrage qui mitigeoit beaucoup nos Libertés, parut encore trop fort à Urbain VIII; ce Pape lui refusa pour cela ses Bulles pour l'Evèché de Couserans, auquel il fut nommé après la mort de son épouse. M. de Marca s'étant rétracté en 1647, Innocent X lui accorda ses Bulles; après avoir visité la Catalogne, en 1651, en sa qualité de Visiteur Général, il prit alors possession de son Évêché; en 1655, il prit possession de l'Archevêché de Toulouse; & en 1658, il fut fait Ministre d'Etat; il suivit la Cour à Lyon, & présida les Etats de Languedoc, en 1659. Il régla ensuite les limites du Roussillon, avec les Commissaires du Roi d'Espagne; M. le Cardinal de Retz, s'étant démis de l'Archevêché de Paris, M. de Marca en fut pourvu; en ayant reçu les Bulles, il mourut à son arrivée à Paris, le 29 Juin 1662. Il laissa, à titre de confiance, à Baluse son Secretaire, ses Manuscrits; celui-ci fit la belle Edition que nous avons du *Concordia*, où il inséra la rétractation de la rétraction; en un mot, il donna l'Ouvrage tel que l'eut donné M. de Marca, *s'il n'eut eu l'ambition d'être Evêque*. M. de Marca avoit fait un Livre intitulé *Marca hispanica*, sur l'Histoire & Géographie de Catalogne, du Roussillon, & ses frontieres; il laissa plusieurs enfants, tels que Galactoire de Marca, Président au Parlement de Pau, & Abbé de S. Aubin d'Angers, mort en 1689, &c. M. de Marca réunissoit à un beau génie, beaucoup de facilité & d'érudition; il fut excellent en tout genre, Grand Jurisconsulte, bon Politique, savant Théologien & habile Critique; il ménagea par intérêt les prétentions de la Cour de Rome, *au préjudice de nos Libertés, ce qui ne caracterise pas son Patriotisme*; il ne fut pas constant dans les mêmes principes, *s'accommodant aux temps & aux circonstances, comme fait un Egoïste*; sa famille étoit originaire d'Espagne. *Voyez* Dupin, Arnaud, Bayle, &c.

(72) Bossuet fut un Grand Homme; mais il eut le défaut de vouloir par-tout primer. Son caractere étoit bouillant; ce n'est qu'à cela qu'on doit attribuer la trop grande vivacité avec laquelle il persécuta l'aimable Fenelon, qui

étoit pour le moins aussi Grand que lui ; mais plus réfléchi, moins ardent & plus pacifique. On peut dire que cette trop grande ardeur de Bossuet, ternit un peu sa gloire ; mais si cette ardeur fut blâmable contre Fenelon, elle eut son mérite en ce qu'il falloit un pareil génie, pour répondre aux Docteurs Protestants, tels que les Claude, & les Jurieux, & pour prendre l'ascendant sur le Clergé de France, qui tenoit encore aux préjugés Ultramontains ; il sût les ramener, & il finit par-là de procurer la paix à la France ; la Cour de Rome l'a estimé par la suite, ainsi que Pithou ; & Ganganelli lui-même n'a pu s'empêcher de louer & d'admirer la constitution Françoise.

(73) Pithou eut le défaut des grandes tailles, d'être un peu voûté ; il n'avoit pas d'embonpoint ; ses cheveux étoient noirs, ses yeux vifs un peu enfoncés, ses sourcils épais, le nez gros, le visage fort en couleurs ; il étoit gai avec ses amis, doux dans le commerce de la société, affable envers tout le monde, d'un extérieur grave, un peu févere avec l'air de noblesse de son état ; vrai ennemi de l'adulation, faisant profession de la franchise qui caractérise l'Avocat.

« Jamais, dit M. de Thou, une si belle ame ne fut » unie à un si rare génie ; jamais la science ne se trouva » alliée dans le même Homme, avec des vues aussi justes, aussi nettes & aussi étendues. (Que ne puis-je, disoit-» il, acheter de mon sang la paix de l'Etat, & le bonheur » de mes Concitoyens). Il a passé sa vie uniquement consacrée au bien Public, dans la recherche des restes pré-» cieux des Ouvrages des Anciens, tirant les uns de la » poussiere de l'oubli, & corrigeant les autres, excitant, » animant, aidant, tous ceux de qui les Lettres pouvoient » attendre quelques secours ; travaillant sans cesse par lui-» même, ou par les autres ; personne n'eut jamais sur » ses affaires domestiques, les lumieres qu'il eut sur l'Histoire : j'aurois, dit M. de Thou, abandonné mon Histoire, » si je n'avois cru devoir à la mémoire d'un Homme, dont » le souvenir m'est si précieux, & le nom si cher à la » Patrie, la Perfection de cet Ouvrage. Son amour pour le » bien Public lui en avoit inspiré la premiere idée ; il m'avoit » conseillé de l'entreprendre, en me proposant pour encou-» ragement la gloire d'être utile à ma Patrie... Si quelqu'un » a jamais mérité que l'on entretint la postérité de son mé-» rite & de ses vertus, & qu'on travailla à en raffraîchir » la mémoire, c'est assurément M. Pithou... Sa vie est

» le plus beau modele que l'on puisse proposer aux vrais » Patriotes de tous les siecles. Il n'est permis à personne, » dit l'Abbé, à M. de Thou, de douter des vertus de » ce Grand Homme... Toutes les connoissances dont » l'Homme est capable, étoient réunies en lui ».

A peine eut-il fini de mettre son Phédre, (qu'il venoit de découvrir), en état de paroître, qu'il tomba malade à sa campagne de Nogent-sur-Seine, où il étoit allé passer les vacances; pressentant sa mort, il s'y disposa en vrai & bon Catholique. La violence de la fievre ne lui permit pas de refaire son testament; nous voyons dans celui qui nous reste, toutes les vertus qui l'ont caractérisé; il ordonna que sa Bibliothéque ne fut vendue qu'à une seule personne; il s'imaginoit qu'il y avoit alors quelqu'un capable de le remplacer. Il disposa en faveur de la Bibliothéque du Roi, & du Thrésor des Chartres, de ses Recueils de Chartres, de Diplômes & autres actes importants; il mourut le premier Novembre 1596, âgé de 57 ans. On prétend, ce qui me paroît plus que singulier, qu'il mourut pareil jour de sa naissance, à l'instar des Platon, des Marius, des Attale, des Pompée, des S. Grégoire, des Grotius, &c. (c'est-à-dire, que dans la période de la vie des Grands Hommes, il se feroit un certain ordre de révolutions, après lesquelles leur génie disparoîtroit; les anciens Egyptiens pensoient que l'Homme vivoit cent ans, parce que, disoient-ils, son cœur jusqu'à l'âge de cinquante ans s'accroît d'une dragme par an, & depuis cinquante jusqu'à cent, il décroît de la même quantité; ensorte, selon eux, que hors d'accident, il y a une période de révolution réguliere dans la vie de l'Homme; c'est aux grands Naturalistes & aux Médecins vraiement savants, à résoudre ce problême). Pithou fut enterré dans la Chapelle de la Passion des Cordeliers de la ville de Troyes, dans le tombeau de ses ancêtres, & de sa femme, comme il l'avoit ordonné peu de jours avant sa mort, à son frere François; celui-ci y fit mettre une Epitaphe, qu'on trouve dans la Vie de Pierre Pithou.

Nous avons oublié de dire, qu'en 1684, M. Pelletier, Contrôleur Général des Finances, descendant de Pierre Pithou, fit imprimer plusieurs Ouvrages de Pithou: le *Corpus Juris canonici*, en 2 vol. *in-fol.* le *Codex Canonum vetus Ecclesiasticum, cum Miscellaneis Ecclesiastici Petri Pithoni*, &c.

Fin des Notes.

www.ingramcontent.com/pod-product-compliance
Ingram Content Group UK Ltd.
Pitfield, Milton Keynes, MK11 3LW, UK
UKHW020144200726
13856UKWH00003B/844